계명대학교 창립 120주년 기념

제39회 계명문학상 당선작 모음집

계명대학교 신문방송국 편

계명대학교 창립 120주년 기념

제39회 계명문학상 당선작 모음집

초판 1쇄 인쇄 2019년 9월 18일
초판 1쇄 발행 2019년 9월 25일

지 은 이 계명대학교 신문방송국 편
펴 낸 이 신일희
펴 낸 곳 계명대학교 출판부
출판등록 제347-1998-1호(1970. 9. 1)
주 소 대구광역시 달서구 달구벌대로 1095
대표전화 053-580-6233
팩 스 053-580-6235
홈페이지 www.kmupress.com / www.gokmu.com
그 림 이연희

ISBN 979-11-89468-98-9 03810 값 7,000원

이 도서의 국립중앙도서관 출판예정도서목록(CIP)은 서지정보유통지원시스템 홈페이지(http://seoji.nl.go.kr)와 국가자료종합목록 구축시스템(http://kolis-net.nl.go.kr)에서 이용하실 수 있습니다. (CIP제어번호 : CIP2019036208)

계명대학교 창립 120주년 기념

제39회 계명문학상 당선작 모음집

계명대학교 신문방송국 편

계명대학교 출판부

발간사

「계명대신문」은 지금으로부터 62년 전 1957년 5월 26일 「계대학보」로 창간되었습니다. 1969년 한글학자 남기심 박사가 주간으로 취임하여 학생 기자들과 함께 전국 대학신문은 물론 전국 일간 신문 가운데 유일하게 한글 전용 가로쓰기 신문체제로 바꿈으로써 오늘날 우리나라 대학신문 및 일간신문의 한글 가로쓰기 체제 정착의 선구적 역할을 해왔습니다.

또한, 계명대신문사는 1967년부터 대학 재학생을 대상으로 문예현상 작품을 모집하여 시, 단편소설, 수필, 논설(논문) 등 문예작품 전반에 걸친 창작활동을 크게 장려하여 왔습니다. 이러한 계명대신문사의 문예현상작품 공개모집은 1980년에 이르러 계명문화상으로 크게 확장되어 이번에 제39회 계명문학상 작품 공모를 하기에 이르렀습니다. 특히 올해는 계명대학교 창립 120주년을 기념하여 시(시조), 단편소설, 극문학(희곡, 시나리오), 장르문학에 이르기까지 총상금을 2,500만 원으로 크게 확대하였습니다. 현재 전국 대학 문학상으로서는 외형으로나 내실로나 최대 규모라 할 수 있으며, 대학문화를 선도적으로 이끌어 간다는 의미에서도 무거운 책임감과 아울러 인문학의 토대를 굳건히 하고자 하는 계명대학교의 시대적 소명이라 여기고 있습니다.

글이란 마음을 담는 질그릇과 같아서 화려함과 멋스러움은 오랜 시간이 지나도 변하지 않으며 그 속에 소중한 것들을 쟁여 놓을 수 있는 손때가 고루 밴 나의 분신과도 같은 존재입니다. 길게는 지난 50여 년간(문예현상작품 모집), 짧게는 지난 39년간(계명문학상) 수많은 글이 응모되었고 수많은 글이 수상했습니다. 계명대학교 창립 120주년을 기념하는 제39회 계명문학상 작품 공모에 710여 편의 작품을 응모해 주신 많은 분들과 열 한 분의 심사위원께 깊은 감사의 말씀을 드리며, 시, 단편소설, 장르문학 분야에 당선되신 세 분께 축하의 말씀을 드립니다.

2019. 9. 25.

총장 신일희

추천사

시 부문

김민정 "문학이 무엇인지 안다면 이토록 뜨거웠을까. 시를 향한 맹목은 어찌보면 문청만의 당당한 먼눈이거나 작정한 눈멂일 터. 다만 이제부터라도 가져야 할 챙김이라면 누구의 목소리도 말고 제 목소리를 믿고 그 불구덩이 속에서 뚜벅뚜벅 걸어나오는 일, 그리고 다시금 잿더미와 같은 세상 속으로 걸어들어가는 일일 거다. 시는 그렇게 걸어다니고 건너다니는 일 아니겠나. 일단 발을 보자. 손은 그다음이다. 기교는 다음 생에 부려도 된다는 얘기다. 하여 지금 내 발은? "

나희덕 "청춘의 심장에서 길어올린 이 싱싱한 시들을 보세요."

박 준 문학의 시간은 단순한 흐름에서가 아니라 순간을 살아가는 언어를 통해 갱신된다.

단편소설 부문

김영찬 새로워진 계명문학상의 문을 통해 문학의 공동체에 설레는 첫발을 들여놓는 한국 대학생들의 열정과 용기가 여기 한자리에 모여 있다. 나는 아직은 채 무르익지 않았지만 힘 있는 이들의 작은 목소리가 이후 한국문학의 가능성을 더욱 크게 확장하는 힘으로 성장해갈 것임을 믿는다.

은희경 부당한 기성 시스템을 해체시켜 자기 방식으로 재편하는 패기와 고정관념을 뛰어넘는 문장의 활달함이 매력적이다.

전성태 "최고의 대학문학상이라는 기획에 응답한 소설. 불편한 시대에 맞서는 젊고 당찬 목소리."

장르문학 부문

손정수 장르문학 부문에 투고된 작품의 편수는 많지 않았지만, 전체적으로 수준은 고른 편이었고 장르의 범위도 폭이 넓었다. 그와 같은 상황임에도 당선작을 결정하는 과정은 그다지 복잡하지 않았다. 한 편의 소설이 그 가운데에서도 단연 두각을 드러내고 있었기 때문이다. 가상의 미래를 배경으로 한 장르 이야기의 형식 속에 죽음이라는 추상적인 주제를 둘러싼 철학적인 물음을 담고 있는 소설, 바로 「장례」였다.

최제훈 "싱그러운 문학의 초여름."

차례

시 부문

120주년
계명대학교

계명대학교 창립 120주년 기념 제39회 계명문학상

시 부문 당선작

몽파르나스

김지현 | 단국대 문예창작과 3학년

휴일에는 남쪽 묘지를 걷는다 당신은 당신을 수습하는 데 거듭 실패하고 이런 나날이 언제까지 계속될까 주머니엔 검은 못과 유로 동전 짤랑이는데

미숙아의 손가락이 당신 검지를 그러쥔 것처럼
당신이 붙잡아둔 작고
동그란
연못

목화솜 같은 얼굴이 다가와 칭챙총 인사할 때 당신은 맹종에 대해 맹종이 맹종하는 것에 대해 맹종을 맹종하는 것에 대해 생각한다 포도밭이 그늘을 키우듯이

발목 가는 아이들은 때때로 모질게 자란다 넝쿨처럼 남을 오독하면 나를 알게 된다고 믿으면서 정수리에 고인 고요한 땀 냄새가 사라질 때까지, 걷는다 내려놓지 못한 것들의 목록이 길어지고 당신의 어제는 추가된다

숙소로 돌아가는 길에 당신은 무화과를 가득 사서 봉지에 담는다 묘목을 기어이 피워내겠다는 다짐이다 떠나온 곳을 떠나려는 노력은 끝에서부터 걷는 순례길과 같아 모서리를 돌 때마다 무릎이 삐걱거리는 소리

무화과를 싼 봉지가 찰그락대는 오후 세시, 당신은 지나가는 행인들에게 고개를 조아리고 메르씨 메르씨보꾸 한다 뜻 모르는 말을 할수록 생이 얌전히 길어지는 기분 그런데 저 철제탑은 어디에서 본 것 같고

문득 당신은 당신을 품에 안고 달리고 싶다 마음을 쏟았으나 이제는 없는 얼굴들, 속내들 다 긁어버리고 싶어서 풀숲 벌레가 자신을 할퀴어 또 다른 자신을 부르듯이

당선소감

김지현 | 단국대 문예창작과 3학년

초등학교도 아닌데 학교를 6년이나 다니고 졸업하게 되었습니다. 그동안 단국대 교수님들의 가르침, 동기들의 조언, 선후배님들의 합평을 야무지게 받아먹었습니다. 이 상은 전부 그 덕인 것 같아 과 사람들께 감사 인사를 전합니다. 우리 집 식구들, 애인, 남지 친구들, 천안 친구들, 저를 지나쳐간 사람들과 곁에 있는 사람들 모두 고맙습니다. 무엇보다 나를 늘 긴장하게 하는, 더 부지런히 쓰게끔 만드는 친구 선민아 고맙다. 긴말은 따로 할게.

사실 연말이 되면 연예대상 시상식을 꼬박꼬박 챙겨보고 새해에는 신춘문예 당선 소감들을 다 살펴봅니다. 좋아하는 작가님들의 신간도 〈작가의 말〉을 가장 기대하며 읽습니다. 근사하고 위트 있는 소감들을 보며 저도 슬그머니 제 수상 소감을 상상해보곤 했습니다. 막상 제게 좋은 기회가 주어지니 달달 떨리기만 합니다. 뭘 적어도 나중에 부끄럽고 아쉬울 것 같습니다. 아무래도 저에게는 능력이 영 없는 것 같아 좋아하는 작가님 말씀을 빌리겠습니다. 6월에 작가님 낭독회에 가서 메모해둔 말입니다. 글이 안 써질 때는 그저 버티고 앉아 있는다. 그럴 때는 내가 장 속의 장아찌라고 생각하는 것이다. 저도 장 속의 장아찌처럼 오래도록 버티고 앉아 숙성될 때까지 기다리겠습니다. 이제 그 시간이 마냥 막막하고 두렵지만은 않을 것 같습니다. 겸손하게 쓰겠습니다. 끝으로 부족한 작품 시간 내어 읽어주시고 뽑아주신 심사위원분들께 머리 숙여 감사드립니다.

심사평

계명대학교 창립 120주년 기념 제39회 계명문학상 시 부문에는 응모자 저마다 충분히 공을 들인 많은 작품이 응모되었다. 심사위원들은 응모자들의 작품을 함께 읽으며, 문학의 시간은 단순한 물리적 흐름에서가 아니라, 순간을 살아가는 언어를 통해 갱신된다는 사실을 다시 한번 상기할 수 있었다. 아울러 쓰는 일의 신산(辛酸)과 쓰는 일의 통쾌를 함께 느꼈을 응모자들의 마음을 몇 번이고 떠올려보기도 했다.

3인의 심사위원들은 먼저 15명 응모자들의 수작(秀作)을 집중 토론 대상으로 정했고 재독과 얼마간의 논의 끝에 3명으로 대상을 좁혔다. 이 대상작들은 어느 작품 당선되어도 이견이 없을 정도로 고른 시적 수준을 가지고 있었던 터라, 더욱 조심스럽게 말과 사유의 결을 짚어가며 의견을 나누었다.

〈식물 전개도〉 외 2편은 언어에 대한 감각이 뛰어난 작품이었다. 표현하고자 하는 사유와 표현된 언어 사이의 손실이 거의 없는 듯했다. "서로가 버린 물건을 주워 와도 결국엔 모두 버려야 했다"라는 문장과 "우리는 우리로부터 밀려난다"라는 다소 평범한 문장들이 하나의 작품 안에서 중첩되며 독특함 미감을 만들어냈다. 앞으로 있을 시 쓰기의 과정에서 어떻게 말할 것인지를 살피는 일과 더불어 무엇을 말할 것인지에 대해 더욱 고민해주셨으면 한다.

〈pale blue eyes〉 외 3편은 사유의 자유로움이 돋보였다. 이 자유로움의 힘으로 작품 속에 다양한 것들을 불러들인다. 다채로운 이미지, 신뢰감 있는 진술, 활달한 리듬과 어조 등이 하나의 작품 속에 공존하고 있는데, 어떠한 상충 없이 낭만적인 열패감을 자아내고 있다. 다만 우려되는 지점도 있었다. 형식과 형태에 대한 다양한 고민의 흔적이 엿보이는데, 이러한 실험의 성패는 외부가 아니라 텍스트 내부에서 결정되는 경우가 더 빈번하다는 것을 알아주셨으면 한다.

〈몽파르나스〉 외 2편은 삶과 현실의 숱한 비의를 예민하게 포착하고 태연하게 길어 올린 사유와 언어의 아름다운 기록이었다. 아울러 시의 첫 문장을 읽었을 때 들었던 어떤 예감이 보기 좋게 적중하지 않는 점도 큰 미덕으로 다가왔다. “휴일에는 남쪽 묘지를 걷는다 당신은 당신을 수습하는 데 거듭 실패하고”로 시작된 시가 “마음을 쏟았으나 이제는 없는 얼굴들, 속내들 다 긁어버리고 싶어서 풀숲 벌레가 자신을 할퀴어 또 다른 자신을 부르듯이”로 멀리까지 나가 끝나는 것처럼. 정제되지 않은 거친 문장들이 목격되는 아쉬움도 있었지만 한편으로는 이것들이 세계의 균열을 자연스럽게 표현하는 한 방식으로 여겨지기도 했다. 앞으로 더욱 좋은 시를 쓰고 더욱 좋은 삶을 살아내는 시인이 되어주셨으면 한다.

당선한 분들에게 큰 축하를 낙선한 분들에게는 위로와 감사와 송구의 마음을 함께 전해드린다.

심사위원

김민정

1999년 〈문예중앙〉 신인문학상을 통해 등단했으며, 박인환문학상, 현대시작품상, 이상화문학상을 수상했다. 시집 〈날으는 고슴도치 아가씨〉, 〈그녀가 처음, 느끼기 시작했다〉, 〈아름답고 쓸모없기를〉 등을 집필했다. 현재 계명대학교 문예창작학과 겸임교수이자 시를 쓰는 편집자로 살아가고 있다.

나희덕

1989년 중앙일보 신춘문예로 등단했다. 시집 〈뿌리에게〉, 〈그 말이 잎을 물들였다〉, 〈그곳이 멀지 않다〉, 〈어두워진다는 것〉, 〈사라진 손바닥〉, 〈야생사과〉, 〈말들이 돌아오는 시간〉, 〈파일명 서정시〉 등이 있다. 현재 서울과학기술대학교 문예창작학과 교수로 재직하고 있다.

박 준

2008년 계간 〈실천문학〉으로 등단했다. 시집 〈당신의 이름을 지어다가 며칠은 먹었다〉, 〈우리가 함께 장마를 볼 수도 있겠습니다〉, 산문집 〈운다고 달라지는 일은 아무것도 없겠지만〉 등을 집필했으며, 시인으로서 작품 활동을 펼치고 있다.

단편소설 부문

1899

120주년

계명대학교

계명대학교 창립 120주년 기념 제39회 계명문학상

단편소설 부문 당선작

라운지 피플

양아현 | 명지대 문예창작학과 4학년

썅년이 되는 데에도 용기가 필요해. 나는 선언했다. 다 녹은 아이스티를 휘휘 젓던 캐리가 물었다.

무슨 용기?

나는 대답하지 않고 화장을 고쳤다. 캐리는 작년 이맘때쯤 알게 된 친구의 친구 혹은 그 비슷한 누군가였다. 그녀의 이름은 1997년 HBO에서 방영한 드라마 섹스 앤 더 시티의 주인공에게서 따온 것이었는데, 정작 캐리는 그 이름에 대해 심드렁해했다. 웃긴 건 캐리에게 그 이름을 붙인 건 캐리 자신이었다는 것이다. 열네 살 때 처음 그 드라마를 본 후로 캐리 브래드쇼는 몇 년간 그녀의 롤모델이었다. 캐리는 한 때 그에 너무 심취한 나머지 섹스하다 갑자기 fuck me, 라고 외친 적도 있다고 했다. 그뿐인가. 길거리에서 만 원짜리 원피스를 사 입으면서 몇 십만 원짜리 구두를 사 모은 시절도 있었다. 그 인형신발 같은 구두들은 아직도 캐리의 신발장에 힘겹게 쑤셔 넣어져 있다. 어쨌든 다 옛날 얘기다. 캐리에게는 캐리라는 이름만 남았다.

오늘은 어디로 가는데?

나는 오픈한지 얼마 되지 않은 클럽의 이름을 댔다.

거기 줄 오래 선다는데.

누가 불러서 가는 거라 바로 들어가.

누가 부르는데?

몰라. 친구의 친구겠지.

그건 사실이었다. 몇 다리를 건너든 간에 어쨌든 그 중 누가 나를 알아요, 하면 그 후로는 별로 상관없어졌다. 매일이 누군가의 생일파티고 무슨 날 기념 이벤트였다.

그 남자랑은 어떻게 됐어? 나는 캐리가 말하는 그 남자에 대해 생각했다. 방금 전 문자메시지를 보낸 바로 그 남자였다. 한 달 정도 만났고 남자친구는 아니었다. 그는 돈을 잘 썼고 섹스도 꽤 잘했다. 그렇다고 마음에 드는 건 아니었다. 일단 너무 자잘한 걸 함께 해야 했다. 밥도 먹고 영화도 봐야 했다. 카페에서 음료를 한 잔씩 시켜놓고 수다도 떨어줘야 했다. 결정적으로 내가 그에게 질려버린 건 당일치기 여행을 제안했을 때였다. 그는 강릉에 가서 회를 먹고 바다도 보고 오자고 했다. 그는 아마 지금쯤 주유소에서 기름을 최대치로 넣고 있다가 문자를 받았을 것이다. 여행 갔다 오면 좋지. 왜 안 만난다는 거야? 캐리가 이해할 수 없다는 듯 물었다. 이럴 때 캐리는 캐리 같다. 쿨하고 싶은 로맨티스트. 나는 앞머리를 꼼꼼히 빗었다. 날이 후텁지근해서 머리카락이 이마에 자꾸 달라붙었다. 당일치기라잖아. 바다는 사진으로 보고 회는 횟집 가서 먹으면 되지. 그제야 캐리가 알아들었다는 듯 테이블을 탁 쳤다. 그렇지, 침대가 없으면 안 되지. 우리는 눈을 마주치고 깔깔 웃었다.

그게 왜 썅년이야, 당연한 거지.

그네들은 그렇게 생각한단다.

알 바야.

그렇지.

클럽 앞은 시끄러웠다. 입구에는 줄이 길게 늘어서 있었다. 아는 얼굴이 보이지 않아 나는 입구 근처에 가만히 서 있었다. 누군가에게 받은 모르는 전화번호로 문자를 보내니 곧 직원 한 명이 올라왔다. 그는 VIP용 팔찌를 내게 채우고는 스테이지 옆 두 번째 테이블로 가면 된다고 일러주었다. 나는 그를 가볍게 안으며 고마워요, 하고 속삭였다. 그가 내 엉덩이를 꽉 움켜쥐었다 놓았다.

나는 테이블을 찾아 앉았다. 몇 명이 알은체를 해왔다. 낯이 익긴 했지만 이름은 기억나지 않았다. 옆에 앉은 여자가 말을 걸어왔다.

오늘 물이 별로예요.

나는 데킬라를 건네며 대답했다.

언젠 안 그랬대요.

여자는 잔을 비우고 인상을 썼다. 뭔가 말을 더 붙이고 싶어 하는 것 같았지만 나는 가만히 있었다. 쉬지 않고 음악이 울리고 있는데 왜 그렇게들 정적을 불편해할까. 정작 말을 알아듣게 하려면 악을 써야 하는데 말이다. 여자는 반대편을 건너다보곤 서둘러 자리를 떴다. 구정물에서도 대어를 낚기를 기대하는 사람들이 있다. 그녀와 캐리가 그랬다.

나는 진 토닉 잔을 들고 스테이지 근처를 기웃거렸다. 내가 마실 용도는 아니었고 주로 먹이는 용이었다. 그 때 누가 등을 톡톡 쳤다. 불쌍한 진 토닉의 주인공은 누굴까. 고개를 돌렸는데 재이가 있었다. 나는 그를 알아보고 눈을 크게 떴다. 그는 내 얼굴을 살피더니 활짝 웃었다. 오랜만이네. 그가 내 귀에 입을 바짝 대고 속삭였다. 나는 그의 팔을 가볍게 쳤다. 재이의 이름은 재희였고 이 년 전쯤 내가 클럽에서 일할 때 만났다. 그의 친구가 나를 통해 자주 테이블을 예약하곤 했다. 정작 재이는 별 말이 없다가 내가 클럽 일을 그만두자 연락해왔다. 마스크가 좋으니 모델을 해 달라고 하면서. 사진과 학생이라고 하는 게 개수작인

줄 알았는데 그건 진짜였고 모델 얘기가 그랬다. 그의 허접한 작업실에서 사진을 몇 장 찍히고 암실에서 섹스했다. 사실 난 그가 그다지 재미있는 편은 아니었는데 담백한 점이 마음에 들어서 그러마고 했다.

하자고 하면 할래요?

뭘?

섹스요.

음. 너무 밝은데.

그러면 저기?

어쩌면 암실을 가리키는 그의 손가락이 길쭉하고 뻔뻔해서 허락했는지도 모르겠다.

떠올리자면 그와의 섹스는 좋지도 싫지도 않았다. 적당히 괜찮았고 그래서 부담이 없었다. 무엇보다 안전했다. 성병도 없었고 하기 전엔 꼭 손을 씻었다. 콘돔은 무조건 꼈다. 섹스 전에 당연히 선행되어야 하는 일들을 지키는 사람이 생각보다 적다는 점을 고려하면, 그는 매우 훌륭한 파트너였다. 우리는 종종 만나다가 그가 입대하게 되면서 자연스럽게 정리되었다. 시간이 벌써 그렇게 흘렀군. 내가 생각에 잠겨 있는 사이 재이가 다시 말을 걸었다. 이따 사진 찍으러 올래? 나는 잠깐 고민하다 수락했다. 갈 수 있으면 갈게.

춤을 추고 싶은 기분은 아니었다. 나는 스테이지 위의 특별공연팀을 구경하며 연거푸 담배를 피웠다. 테이블에는 계속해서 새로운 사람이 왔다가 돌아가기를 반복했다. 대부분은 마실 것을 찾았고 나는 가장 가까이에 있는 컵을 건네주었다. 직원처럼 보였을 수도 있을 것이다. 왁스를 덕지덕지 발라 머리를 넘긴 남자가 내 옆을 기웃거렸다. 독한 향수 냄새가 풍겼다. 나는 술이 들었는지 음료가 들었는지도 모르는 컵을 건

넸다.

제 컵 아니에요.

그냥 마셔요.

누가 마시던 거 아니에요?

여기선 다 그래요.

남자는 고개를 갸웃거리다가 컵을 받아들었다. 그는 한 모금 마시더니 인상을 찡그렸다.

되게 맛없네요.

그러면서 내 옆에 앉았다. 다른 때 같았으면 냉큼 엉덩이를 옆으로 뺐겠지만 나는 움직이지 않았다. 영 내키지 않았다.

술을 맛으로 먹나요. 취하려고 먹지.

남자는 컵을 내게 주려고 했다. 나는 손을 저었다.

왜 안 마셔요?

나는 안 취해도 되거든요.

고개를 돌렸지만 그는 내 쪽으로 당겨 앉았다. 나는 그와 대화할 의사가 없음을 표하기 위해 담배를 물었다. 남자가 불을 붙여주었다. 물이 안 좋긴 하군. 나는 속으로 그래도 그가 최악은 아니기를 빌었다.

몇 살이에요?

빙고. 그리고 그런 경우는 몇 없다는 것도 떠올렸다.

대답 안 할래요.

왜요?

대답할 게 늘어나니까요.

순서는 조금씩 다르지만 그들은 대부분 세 가지를 물어본다. 나이, 이름, 사는 곳. 가끔은 하는 일까지도. 나이를 알면 말을 놓으려 하고 이름을 알면 이름을 부르려 한다. 몇 살이든 어떻게 부르든 그건 중요하지 않은데도.

그럼 뭐가 중요해요?

오늘 나랑 잘지, 말지가 중요하죠.

나는 재를 털었다. 남자가 재미있다는 듯 웃었다.

이래서 전형적인 놈들은 싫다니까. 나는 후회하며 모텔 건물 옆 쓰레기더미에 올 나간 스타킹을 버렸다. 남자는 모텔 방에 들어서자마자 키스하려 했다. 나는 그의 얼굴을 가볍게 밀어내며 화장실을 가리켰다. 남자는 머쓱해하며 샤워가운을 챙겼다. 내가 샤워를 마치고 나온 후에는 황급히 불부터 껐다. 섹스를 하려면 불을 꺼야 한다는 발상은 어디에서 나온 걸까. 그가 내 몸에 올라탔을 때 나는 지루한 나머지 TV 전원을 켰다. 동물의 왕국이 방영 중이었다. 야생동물은 오랜 시간 동안 독을 이용해 상대를 공격하는 방법을 발전시켜 왔습니다. 방울뱀은 상대를 물기 전에 꼬리를 흔들며 먼저 경고를 하며, 스톤피쉬는 독을 품은 등뼈로 자신을 보호합니다. 이런 섹스로부터 나를 보호하는 독은 없나. 그의 목덜미에 독침을 꽂아 넣는 상상을 하는 순간 그가 사정했다.

나는 편의점에 들러 자잘한 먹을 것들을 샀다. 요즘은 자주 허기가 졌다. 샌드위치 포장지를 벗기며 캐리의 집에 들어섰을 때, 그녀는 노트북으로 드라마를 보는 중이었다.

재밌어?

구닥다리야.

그 점엔 나도 동의했다. 우리와 나이가 거의 비슷한 드라마였으니까. 그러나 캐리도 나도, 심심풀이로 그 드라마를 보며 어쩜 이십 년이 지나도 변하는 게 없느냐고 불평하곤 했다.

어제는 어땠어?

재이를 만났어.

재이가 누구야.

생각해보니 캐리는 재이를 몰랐다. 그가 입대한 후에야 캐리를 알게 되었으니까. 나는 지갑을 열어 사진 몇 장을 꺼냈다. 폴라로이드와 필름 사진이 섞여 있었다. 개중에는 일반 카메라로 찍어 인화한 것도 있었다. 그 사진 찍어준 애야. 나는 캐리의 옷장을 뒤져 트레이닝복을 찾아냈다. 예전에 내가 가져다 둔 몇 안 되는 옷들은 코빼기도 안 보였다. 캐리의 옷장은 늘 그랬다. 옷장의 맨 위까지 옷이 쌓여 있었지만 입을 옷도 찾는 옷도 없었다. 캐리는 한참동안 사진을 들여다보았다. 너는 이 사진이 좋니? 나는 대수롭지 않게 대답했다. 나쁘지 않아. 그러면 너희가 마음이 통했다는 거야. 나는 한쪽 눈썹을 치켜 올리고 캐리를 쳐다보았다. 캐리는 아랑곳 않고 말을 이었다.

원래 사진이라는 건 되게 주관적인 거거든. 찍은 사람의 시선이 담겨 있으니까. 그 애가 보는 너를 너도 맘에 들어 한다면 좋은 일이지.

그것도 그 드라마 대사니?

캐리는 자주 섹스 앤 더 시티에 나온 대사를 인용해 말하고는 했다. 습관 같은 것이었다. 이제 그건 더 이상 그녀의 바이블이 아니었지만, 지난 수년간 그녀에게 끼쳤던 영향은 아무래도 지대했던 모양이다. 어쩌면 캐리가 하는 말의 반 정도는 거기에서 나온 걸지도 모른다. 캐리는 정색을 했다.

농담하는 거 아니야.

나도 농담 아니야.

나는 정말로 그렇게 생각했다. 그런 말을 캐리가 생각해낼 수는 없다. 설령 그렇다고 해도 말해서는 안 됐다.

그 애가 널 좋아하는 걸지도 몰라.

글쎄. 아마 아닐 거야.

그런 것 같다니까.

더 들어줄 수가 없었다. 나는 짜증을 냈다.

아니라니까. 너 오늘따라 왜 그래? 좀 이상하다.

그러자 캐리가 갑자기 울음을 터뜨렸다. 나는 화장실로 들어가려다 어정쩡하게 멈춰 서서 그녀를 바라보았다.

네 말이 맞아. 내가 좀 이상한 것 같아.

우리는 서로를 잘 알면서 잘 몰랐다. 그러니까 나는 캐리의 습관이나 바지 사이즈 같은 건 알았지만 본가가 어디고 형제자매가 어떻게 되는지는 몰랐다. 알았어도 기억할 필요가 없는 것들은 자주 까먹었다. 그녀의 생일이 7월이라는 것은 알았지만 정확히 며칠인지는 모르는 식이었다. 캐리 역시 마찬가지였다. 그렇기 때문에 내가 그녀에 대해 얘기할 때 일 년 전쯤 알게 된, 이라고 말할 수 있는 걸지도 모른다. 웬만하면 그때 알던 사람, 으로 그친다. 대부분의 사람들은 그 차이를 잘 모른다.

우리는 한때 잠깐 같이 산 적도 있었다. 캐리의 제안이었다. 나는 일정한 파트너가 없거나 그날 나를 재워줄 마땅한 남자를 찾지 못해 친구의 집을 전전하는 데 질려 있었으므로 그 제안을 받아들였다. 우리는 잘 지냈다. 생활패턴도 비슷했고 서로에게 필요 이상의 간섭도 하지 않았다. 그러나 두 달쯤 되었을 때 그만두었다. 집에 남자를 데려오기 힘들다는 게 그 이유였다. 지금 생각해도 그토록 깔끔한 합의는 없었을 것이다. 보증금을 캐리가 냈기 때문에 내가 짐을 뺐다. 내 짐은 큰 숄더백 하나도 다 채우지 못했다. 당장 입을 옷 몇 벌과 화장품 파우치, 지갑과 휴대용 칫솔 정도가 전부였다. 그 외의 것들은 어떻게든 해결되었다. 게다가 캐리는 내가 언제 찾아가든 문을 열어 주었다. 그게 당연하다는 듯 굴었고, 나 역시 마찬가지였다. 나는 캐리의 어깨에 손을 얹었다. 어쨌든 그녀는 내가 좋아하는 사람이었다. 그건 정말 흔하지 않은 일이었다.

그 애를 모른 척 할 수가 없어.

캐리가 울먹거렸다. 나는 한숨을 쉬었다. 캐리가 말하는 그 애란 그녀의 전 남자친구였다. 캐리는 나를 만나기도 전에 이미 그와 헤어진 상태였는데, 후에도 그와 주기적으로 만나 밥도 먹고 섹스도 했다. 주로 그가 찾아오고 캐리가 받아주는 식이었다. 나는 그들을 보면 종종 이혼한 부부를 보는 듯한 느낌을 받았다. 캐리는 그를 좋아했다고 했다. 확실히 좋아했지. 그렇지 않았다면 그 애를 견딜 수 없었겠지. 그에 대해 말할 때마다 캐리는 어딘가 멍한 표정을 지었다. 헤어질 즈음에는 자주 다퉜다고 했다. 주로 개싸움이었다. 서로를 누구보다 잘 알았기 때문에 상처 주는 법도 가장 잘 알았다고. 캐리는 그를 만날 때마다 그를 잃는 기분이 든다고 했다. 남자친구 같은 걸 만드니까 그런 거 아냐. 그렇게 생각했지만 말하지는 않았다.

내 몸을 가장 잘 아는 건 그 애야.

나는 그녀의 머리카락을 귀 뒤로 넘겨주었다.

난 그 애한테 완전히 질려버렸지만 걔가 내 몸을 만질 때만큼은 뭔가가 끓어올라. 여기, 단전에서부터 차오른다니까.

나는 캐리의 어깨를 도닥거리며 말했다.

캐리, 그냥 친구로 지내. 요즘은 그게 유행이야.

옛 애인이랑 친구를 하려고 들면 똥이나 밟게 돼. 캐리처럼 말이야.

우리는 고요히 노트북 화면을 바라보았다. 마놀로 블라닉을 신은 캐리가 승마장에서 밟은 말똥을 털어내고 있었다.

나는 사양하는 캐리를 억지로 끌고 나왔다. 이런 기분에는 술에 취하거나 끝내주는 섹스를 하거나 둘 중 하나였다. 캐리는 주초라 문을 연 클럽도 없을 거라며 코맹맹이 소리를 냈다. 번뜩 재미있는 생각이 났다. 나는 캐리를 마주보고 짓궂게 웃었다.

재이를 소개시켜줄게.

우리는 이태원의 라운지바에서 만났다. 재이는 친구를 한 명 더 불렀다고 했다.

머릿수가 맞아야 재밌지.

야, 재이가 너랑 자고 싶은가보다.

내 말에 캐리가 깔깔 웃었다. 우리는 재이의 친구를 기다리며 술을 시켰다. 나와 캐리는 할 수 있는 한 최대한 빨리 마셨다. 더 많이 마시기 위해서였다. 재이는 제법 얌전한 척 앉아 있었다. 나는 그 꼴이 우스워 재이를 툭툭 건드렸다. 재이는 자꾸만 모른 척했다.

언제 모델 한 번 해줄래요?

나요?

네. 마스크가 취향이라.

재이가 캐리를 향해 말했다. 느끼하게 웃어 보이는 것도 잊지 않았다. 재이가 느끼해진 건지 내가 그의 웃음을 구별할 줄 알게 된 건지는 알 수 없었다. 나는 웃음을 터뜨렸다. 몇 년이 지나도 발전이 없는 건 재이도 똑같았다.

보통 사진 찍어주겠다면서 꼬시니?

재이는 나를 흘겨보며 어쩔 수 없다는 듯 대답했다.

꼭 그런 건 아닌데. 결국엔 그렇게 될 때가 많지.

전형적이네.

클래식 이즈 더 베스트, 몰라?

왜 넘어가는 걸까.

다들 예술을 좋아하거든.

나는 재이를 꼼꼼히 살폈다. 다들 좋아한다는 예술가의 면모가 그에게 있는지. 그의 몸에서 살덩이라고 할 만한 게 있다면 혀 정도밖에 없을 것이다. 나는 광대가 툭 튀어나와 그림자가 진 그의 볼을 보며 어쩌면 음침함도 취향일 수 있겠다고 생각했다.

사진이나 한 방 찍어.

화장실에 들어서며 내가 캐리에게 말했다.

이상하다, 좋아하는 것 같았는데.

나는 속으로 콧방귀를 꼈다. 우리는 담배 한 대를 나눠 피우고 돌아가기로 했다.

내 취향이었으면 좋겠네.

캐리가 필터를 빨며 은근히 웃었다. 나는 그녀의 엉덩이를 찰싹 때렸다.

돌아와 보니 키가 작고 다부진 체격의 남자가 테이블에 앉아 있었다. 그는 말이 많고 촉새 같은 스타일이었는데 말을 할 때마다 흥미가 떨어졌다. 그는 여느 남자와 다르지 않게 이름과 나이를 물었다. 캐리는 지루해 죽겠다는 표정이었다. 나는 킥킥 웃었다. 캐리의 남자 취향을 누구보다 잘 아는 건 나였다. 남자가 영문을 모르겠다는 얼굴을 했다.

그런 거 말고 좀 재밌는 걸 물어봐요.

예를 들면?

예를 들어. 나는 말을 한 번 끊고 다시 이었다.

제일 좋아하는 체위라든가.

캐리는 그것도 식상하다고 생각했을 것이다. 남자는 재이를 쳐다보았다. 재이는 어깨를 으쓱했다. 남자가 어색하게 웃자 캐리가 끼어들었다.

나는 뒤에서 하는 게 제일 좋더라.

나는 맞장구를 쳤다.

허리를 잡고.

그렇지.

남자가 조용해지자 우리는 둘이서 떠들어댔다. 거의 만담 수준이었다. 재이는 가끔 끼어들어 농담을 던지거나 담배에 불을 붙여 주었다. 캐리가 야외에서 해본 것 중 가장 짜릿한 장소가 어디였냐고 물었다. 나는 차 안이라고 대답했다. 캐리는 재미없어 했다. 그렇지만 사실이었다. 나는 불편한 곳에서 흥분하지 못하는 스타일이다.

흥분하지 못하는 건 섹스에 대한 모욕이야.

캐리는 엄숙하게 말했다. 나도 경건하게 두 손을 모으고 말했다.

범죄지.

그렇다면 우리는 얼마나 많은 범죄를 저지른 거냐며 캐리가 웃음을 터뜨렸다. 나도 웃음이 터졌다. 우리는 손을 꼭 잡고 허리를 굽혀가며 실컷 웃어댔다. 웃음이 멈추지 않았다. 캐리가 일순 웃음을 뚝 멈추고 선서하듯 손바닥을 들었다.

범죄자 1호입니다.

나도 따라 손을 들었다.

2호입니다.

재이는 그런 우리를 보며 낄낄댔다. 전과 몇 범이야? 한 마디 덧붙이는 것도 잊지 않았다.

가끔 무서워.

그러다 캐리가 뜬금없이 말을 꺼냈다. 더불어 미간도 좁혔기 때문에 재이와 나는 한껏 진지한 표정으로 그녀를 쳐다보았다.

그 애 말이야. 지금은 전화를 하거나 집 앞에서 기다리는 정도지만.

캐리는 침을 꿀꺽 삼켰다.

다른 마음을 먹으면 어떡하지.

나는 담배를 꺼냈다. 캐리가 말을 이었다.

내 기억에 남아있는 건 그 애의 몸뿐인데. 어디에 점이 있는지, 어떤 자세를 할 때 어깨뼈가 더 두드러지는지, 사정할 때 어떤 표정을 짓는지. 나한테 남아있는 건 그런 것들뿐이라는 걸 알게 되면 어떡하지.

맨손이길 기도해야지.

맨손으로도 사람을 때려죽일 수 있나?

나는 장담할 수 없어서 담배에 불을 붙였다.

사실은 그 사실을 알게 되는 것도 좀 무서워.

나는 다정하게 캐리의 머리를 쓰다듬었다. 너 아직 용기가 부족하구나.

남자들은 항상 그런 식이지. 왜 내 마음을 알아주지 않느냐고. 알아주면 받아달라고 하지. 끝나고 나면 되돌리려고 하지.

전 남친들은 왜 그러냐? 재이가 장난스럽게 끼어들었다. 나는 픽 웃었다. 재이가 그런 말을 하는 것 자체가 코미디였다. 전 남친이라는 게 내게도 없을 리 없었다. 그들 모두를 애인이라고 느껴본 적은 없었지만 공식적으로는 그랬다. 나는 스무 살 무렵 사귀었던 남자친구를 떠올렸다. 그는 꽉 막힌 사람은 아니었다. 나보다 다섯 살이 많았지만 나를 가르치려 들지도 않았다. 내가 일찍이 섹스 경험이 있다는 것을 알고도 실망하거나 하지 않았다. 그 때의 나는 그의 태도에 안심했던 것 같다. 전 애인들을 떠올릴 때 그가 가장 먼저 생각나는 것을 보면 그에게서 연인 특유의 안정감을 느꼈던 모양이다. 헤어지기 전까지 그는 모범적인 남자친구였다. 섹스를 너무 못한다는 것 빼고는. 그는 요령도 없고 내 몸을 다루는 법도 잘 몰랐다. 그 때 알던 친구는 내게 조언하곤 했다. 게임이나 축구 경기를 할 때 선수들이 호흡을 맞추는 것처럼 연습이 필요하다고.

처음부터 어떻게 딱딱 맞니? 노력을 해야지.

그녀는 내가 연습경기만 수도 없이 치렀다는 걸 모르고 있었다. 할 만큼 했다는 생각이 들 때 그에게 이별을 고했다. 그 때는 적당히 꾸며내는 법을 몰랐기 때문에 곧이곧대로 말할 수밖에 없었다. 수많은 이별사유 중에 그것만큼은 상대를 납득시킬 수 없다는 걸 미처 알지 못했던 것이다. 그는 처음에는 어이없어 했다가 종국에는 화를 냈다. 핑계대지 말고 솔직히 말하라고 했다.

정말 그것 때문이라니까.

내가 그렇게 말했을 때는 참을 수 없다는 듯 소리를 질렀다.

너도 좋아했잖아.

그제야 나는 그와 잘 때 내가 했던 행동들을 떠올렸다. 습관적으로 신음하거나 행위 후에 좋았다고 속삭이거나 하는 것들. 그의 말을 듣고서 내가 남자들을 망치고 있다는 생각이 들었다. 그 후부터 솔직해지기로 했다. 적어도 섹스 할 때만큼은 늘 진심이었다. 그는 몇 날 며칠을 찾아와 나를 설득하려 했다. 그런 이유로 나를 이렇게나 위하는 본인을 차버리는 게 말이나 되냐는 것이었다. 나는 그런 말을 들을 때마다 도리어 의문이 들었다.

안 될 이유는 대체 뭔가?

내가 완고하게 굴자 그는 마지막으로 한 마디만을 남기고 떠났다. 나쁜 년. 나는 재이에게 물었다.

너도 개새끼 소리 들어봤니?

재이는 잠깐 생각하다가 대답했다.

아니, 적어도 앞에서는.

어째서?

다시 만난 적이 없거든.

나는 이가 깨져본 적은 있어.

캐리가 이를 앙 다문 후 입술을 양 옆으로 당겼다. 재이가 캐리의 이를 유심히 들여다보았다.

앞니야?

캐리는 고개를 끄덕였다.

감쪽같은데.

그래서 나는 치과의사들은 믿어.

나는 지나간 남자들을 떠올려보았다. 뺨을 맞은 적도 있었다. 여자에게 맞는 것과는 차원이 달랐다. 정말로 눈앞이 번쩍, 했다. 그 전에는 소설에서나 나올 법한 표현이라고 생각했다. 그리고 입 안이 터졌다. 피가 섞인 가래침을 뱉으며 안쪽 살들은 왜 이렇게 여린지 불평했던 것 같다. 그 다음으로는 뺨이 벌겋게 부어올랐다. 단 한 대였다. 사정하기 직전 콘돔을 빼버린 남자도 있었다. 대학병원 응급실보다 개인병원 응급실에서 사후피임약을 훨씬 싸게 처방한다는 걸 그 때 알았다. 처방전과 약값이 원피스 한 벌 값과 맞먹는다는 생각을 하면 아직까지도 짜증이 났다. 많은 산을 넘어왔군. 나는 다시 캐리를 향해 말했다.

집 앞에서 기다리거나 협박 문자를 보내거나 머리를 후려치거나. 썅년의 삶은 너무 피곤해. 하고 싶어서 하는 것도 아닌데. 남자들은 보통 고작해야 눈물 섞인 절절한 전화를 받는 것 정도가 다잖아.

캐리가 다시 훌쩍거리기 시작했다.

무용한 죄책감을 털어버려. 그런 거 가지고 있는다고 아무도 알아주지 않아. 고마워하지도 않는다고. 어떻게 하든 우리는 썅년이 된단다. 네가 아무리 억울하든 그렇게 돼.

재이가 캐리에게 티슈를 건네주었다. 캐리는 코를 팽 풀었다. 분위기가 가라앉아서, 거덜 날 만큼 마시고 재이 몰래 내빼자는 우리의 계획은 흐지부지되어버렸다.

나는 엘리베이터 앞에 서서 나머지가 계산을 끝내고 나오기를 기다렸다. 남자가 제일 먼저 나와 내 옆에 섰다. 그리고는 뜸을 들이다가 내게 학교는 다니느냐고 물었다. 호구조사를 포기하지 않으셨군. 나는 휴학한 학교의 이름을 댔다.

그만하면 공부도 잘했는데.

머리부터 발끝까지 나를 훑는 그의 시선이 느껴졌다. 그의 표정도 예상할 수 있었지만 무시했다.

왜 그러고 다녀요?

웃음이 나오려는 걸 꾹 참았다. 나는 고개를 들고 남자의 얼굴을 똑바로 마주보았다.

나는 이러고 사는 게 좋아요.

그리고 활짝 웃었다. 너무너무 좋아요.

재이와 헤어진 후 우리는 길거리에 서서 담배를 피우고 시끄럽게 떠들었다. 캐리가 침을 한 데 모아 아무데나 뱉었다.

그런데 말이야. 넌 담배를 누구한테 배웠니?

최윤선.

그게 누군데?

우리 엄마.

캐리는 별안간 나를 꼭 껴안았다. 나는 담뱃불이 머리카락을 태우지 않도록 조심하며 그녀를 안아주었다. 너는 너무 재밌어. 내가 아는 사람 중 제일이야. 캐리는 술에 취하면 늘 말이 많아졌다. 내가 만난 어떤 남자보다 웃기고 재밌어. 나는 연기를 훅 뱉었다. 남자는 밤에만 필요하지. 캐리는 고개를 마구 끄덕였다. 그녀의 푸들 같은 머리가 마구 흩날렸다. 그럼 너는? 나는 답을 알면서 물었다.

캐리지.

캐리는 뉴요커스럽게 손을 번쩍 들어 택시를 잡았다.

골목길을 걸어 올라오며 캐리가 물었다. 나 재이랑 자도 되니? 그런 걸 묻다니 오늘 하루는 끝까지 이상하게 굴기로 작정한 모양이다. 잔소리는 하지 않았다. 작업실로만 가지 마. 왜? 아직 매트리스가 없거든.

다음날 눈을 뜨자마자 담배냄새가 코를 찔렀다. 캐리는 애연가이긴 했지만 아침부터 여러 대를 피우는 법은 없었다. 내가 창문을 여는 순간에도 캐리는 아무렇게나 재를 떨며 계속해서 담배를 피웠다.

생리가 늦다 싶었거든.

캐리가 말했다. 나도 담배에 불을 붙였다.

얼마쯤 된 것 같아?

날짜 세는 것도 귀찮아. 세어봤자 뭐하니.

그건 그래.

나는 재떨이로 쓴 우유팩을 쓰레기통에 버렸다. 화장실 바닥에 떨어져 있던 테스터기도 함께. 캐리는 허술한 편이긴 하지만 피임을 게을리 하지는 않았다. 스쳐간 이들의 얼굴을 떠올리는 건 나에게도 그녀에게도 불필요한 일일 것이다. 나는 쪼그려 앉아 산부인과를 검색했다. 몇 군데에 전화를 걸어보았지만 거절의 말이 돌아왔다. 낙담스럽지는 않았다. 이건 일종의 절차였다. 키패드를 두드리는 나를 캐리가 툭툭 쳤다.

됐어. 우기면 다 해줘.

하긴. 몇 번 거절하다가 일단 와보라 그러지.

현금장사라 세금도 안 떼고 좋겠다.

우리는 웃었다. 이럴 때에도 웃음은 나왔다. 웃으면 안 된다는 법이 없었으니까. 문득 재이의 친구가 떠올랐다. 늘 비슷한 질문을 하던 비슷한 남자들. 그들과 비슷한 재이의 친구와 재이. 나의 대답은 여전했다. 매미가 시끄럽게 울었다. 바야흐로 여름의 한가운데였다. 나는 캐리의 어깨를 감싸 안고 속삭였다. 이 일이 다 끝나면.

끝내주는 생일파티를 하자.

캐리가 활짝 웃었다.

당선소감

양아현 | 명지대 문예창작학과 4학년

소설을 쓸 때면 인물에 대해 가장 많이 생각한다. 내가 만든 이들이지만 나는 늘 그들이 궁금하다. 가끔은 물어보고 싶어진다. 너는 어떻게 하고 싶은 거냐고.

좋아하는 선생님의 말을 빌리자면, 소설을 쓰며 타인의 사정을 헤아리는 법을 배웠다. 실제로 나는 화가 많은 사람인데, 이해할 수 없는 타인들 때문에 화를 내는 일은 많이 줄었다. 그것이 전부 소설을 쓴 덕이라고 하면 거짓말이겠지만 전혀 관련이 없는 것 같지도 않다.

내게 소설이 어떤 의미고 왜 소설을 쓰는지 남들처럼 멋지고 명쾌하게 정리할 수가 없다. 나도 그게 끊임없이 궁금하기 때문이다. 다만 글을 읽고 쓰는 것은 내게는 외면할 수 없는 일 같다. 그 점이 괴롭기도 하고 즐겁기도 하다. 있어 보이는 말을 하고 싶은데 나는 내가 아는 얘기밖에 할 수 없어 안타깝다.

당선 소식을 들었을 때는 기쁘고 감사하고 부끄러웠다. 아주 조금 무섭기도 했다. 식상한 얘기를 하는 것 같지만 열심히 써야겠다고 생각했다. 나는 특별하기보다는 솔직한 쪽에 가깝기 때문이다.

다정한 사람들의 진심어린 축하를 너무 많이 받아서, 짧게나마 감사 인사를 전하고 싶다. 부족한 작품을 읽어주시고 뽑아주신 심사위원님들, 소설을 쓰는 즐거움을 알려주신 선생님들, 나를 서슴없이 믿어주는 가족들, 늘 기꺼이 시간을 내어 나의 소설을 읽어주는 스터디 멤버들, 누구보다 나의 사정을 잘 헤아려주는 친구들.

그리고 늘 엄마보다는 이름으로 불러주고 싶은 우리 현미 씨.

모두모두 감사합니다.

심사평

예심을 거쳐 10편의 작품이 본심에 올랐다. 본심에 오르거나 근접한 소설들은 유수의 신인문학상 공모전처럼 수준이 높았다. 본 문학상의 전통과 새로운 기획에 동참하는 대학생들의 높은 기대를 실감케 했다.

10편의 본심 후보작들은 청년, 혐오와 폭력, 난민, 한일 역사 문제, 그리고 젠더 이슈와 같은 우리 사회가 안은 다양한 문제들을 핍진하고 신선한 서사로 담아냈다. 우리는 이 중 3편 〈천적을 피해 달아나는 물소 떼, 2001〉, 〈라운지 피플〉, 〈위장 보고서〉의 성취에 주목했다.

〈천적을 피해 달아나는 물소 떼, 2001〉는 잔잔하고 수려한 화법으로 독자를 설득해가는 힘이 미덕이고, 가족서사를 넘어 질병 앓는 사람들의 인권까지 생각하게 했다. 그러나 왜 천적을 피해 달아나는 물소가 형제에게 중요한지, 그 의미가 어떻게 작용하는지 명확하지 않아 감상적으로 기우뚱해지는 걸 끝내 바로잡지 못했다.

〈위장 보고서〉는 동성애자였던 아버지의 비밀을 전하는 이야기로 젠더 이슈에 접근하는 시선이 참신했다. 소설은 아버지의 기일에 맞춰 대학생 아들의 하루를 차분히 따라가는데 아버지의 죽음에 얽힌 사연, 숨겨둔 연인의 이야기가 매우 극적임에도 일상의 층위에서 자연스럽게 조감된다. 화법이 지적이고 유머러스하며 진중함과 가벼운 터치가 균형 있게 조율되고 있으며, 정보를 조금씩 내밀어 서사를 풀고 조이는 구성력도 좋고, 멀리 떨어진 문장끼리 호응을 시켜 울림을 생성하는 솜씨도 발군이었다.

〈라운지 피플〉은 남성중심사회의 이면을 비틀어보게 하고 여성의 고통을 전복적인 목소리로 전한다는 점에서 〈위장 보고서〉와는 결을 달리한다. 직설적인 화법, 신랄하고 발칙한 대화 이면에 도저하고 막막한 무력감이 부감되지만 한편으로 개성적인 여성 인물들이 시종일관 보여주는 도발성이 통쾌하다. 남자들이 만들어놓은 세계, 여성에게는 선택지가 없는 꽉 막힌 세계에 대해 새로운 질서를 짜보겠다는 의도가 엿보인다. 말하고자 하는 바를 어떤 서사적 타협도 없이 끝까지 시원하게 밀어붙이는 작가의 뚝심이 돋보이는 수작이다.

〈위장 보고서〉와 〈라운지 피플〉 두 편을 두고 논의가 길어졌다. 〈위장 보고서〉는 기시감이 있는 화법이라든가 보조인물들이 소모되는 측면이 있다는 점이 걸리면서도 작가의 자질을 고루 갖춘 안정감이 탐났고, 〈라운지 피플〉은 세계에 대해 이분법적이고 또 다른 혐오의 시선을 내장하고 있는 건 아닌가 토론해볼 만큼 페미니즘 작품에 대한 독법을 성찰적으로 점검하게 하는 문제작이었다. 심사위원들은 본 문학상이 대학이라는 울타리를 넘어서서 세상에 비범한 신인작가를 내놓을 만하다고 판단했고, 그에 값하는 작품은 〈라운지 피플〉이라는 데 동의했다.

수상자인 양아현 작가에게 축하를 보낸다. 멋진 작품을 투고해준 전국의 대학생들에게도 감사드린다.

심사위원

김영찬

현대문학상, 대산문학상, 팔봉비평문학상을 수상했다. 저서로 〈비평극장의 유령들〉, 〈근대의 불안과 모더니즘〉, 〈비평의 우울〉, 〈문학이 하는 일〉이, 역서로 〈근대성의 젠더〉(공역), 〈성관계는 없다〉(공역)가 있으며, 현재 계명대학교 국어국문학전공 교수이자 문학평론가이다.

은희경

1995년 동아일보 신춘문예로 등단했으며, 이상문학상, 한국일보문학상, 동인문학상, 황순원문학상 등을 받았다. 장편소설 〈새의 선물〉, 〈마지막 춤은 나와 함께〉, 〈마이너리그〉, 〈소년을 위로해줘〉, 〈태연한 인생〉, 〈빛의 과거〉와 단편소설집 〈타인에게 말 걸기〉, 〈행복한 사람은 시계를 보지 않는다〉, 〈상속〉, 〈아름다움이 나를 멸시한다〉, 〈중국식 룰렛〉 등을 냈다. 소설가로 활동하고 있다.

전성태

1969년생. 중앙대 문예창작학과 졸업했으며, 1994년 실천문학신인상으로 등단했다. 신동엽문학상, 오영수문학상, 현대문학상, 이효석문학상, 한국일보문학상 등을 수상했다. 소설집 〈매향〉, 〈국경을 넘는 일〉, 〈늑대〉, 〈두번의 자화상〉, 장편소설 〈여자이발사〉, 산문집 〈세상의 큰형들〉 등을 출간했으며, 현재 중앙대 문예창작전공 강의전담교수이다.

극문학 부문

1899

120주년

계명대학교

계명대학교 창립 120주년 기념 제39회 계명문학상

극문학 부문 당선작

해당작 없음

심사평

예심을 거쳐, 〈나무 밑〉, 〈남북평상회담〉, 〈모서리 가족〉, 〈MUTE〉, 〈비틀비틀 대다가 캥거루를 쳤어〉, 〈사라져, 사라지지마〉, 〈여름잠〉, 〈잊히고 말것들〉 여덟 작품이 최종심에 올랐다.

〈남북평상회담〉은 재밌는 희극이다. 대북관, 통일관이 서로 다른 인물들을 등장시켜 우리사회의 편견과 위선에 대해 꼬집는 블랙코미디다. 극우보수성을 가진 이근박과 무늬만 좌파인 노재현, 양극단에서 갈팡질팡하는 송시민, 세 인물을 목욕탕에 배치시켜 극적 환경을 만든 재치에는 박수를 보낸다.

그런데, 세 인물의 개성이 부족하다. 그들의 행동과 대사의 양식이 모두 비슷하다.

인물들이 '작가의 말'이 아닌 '인물의 말'을 했더라면 극의 생동감이 더 살아났을 것이다.

〈MUTE〉는 콜센터 상담사의 업무 실상을 잘 그려냈다. 서비스업 종사자들의 현실을 실감나게 묘사했다. 하지만 사무실 안을 참담하게 만드는 바깥의 외압에 주목하지 못한 점이 아쉬웠다. 사회구조적 문제로 확장되지 않고 개인의 문제, 말단 사원들 간의 갈등에서 머무르고 말았다.

〈비틀비틀 대다가 캥거루를 쳤어〉는 연극이 펼쳐지는 무대가 무척 신선하다.

헬조선 한국을 탈출, 신천지 호주를 찾아온 흙수저의 분노는 힘이 넘친다.

주인공 남녀의 눈물겨운 고백에는 동시대성이 충분히 반영되어 있다.

캥거루 두 마리와 두 인물을 겹쳐보이게 만든 마지막 장면도 인상적이다.

하지만, 극적인 갈등을 유발시키기 위한 작가의 의도가 작위적으로 느껴지는 대목이 많다. 보다 촘촘하게 플롯을 정리해서 다시 쓰기를 권한다.

〈사라져, 사라지지마〉는 여고생들의 일상을 생생한 언어, 짧은 대사, 빠른 호흡으로 거침없이 써내려간 작품이다. 고교생들의 생활상을 '지금, 현재'의 싱싱한 모습으로 소환해낸 작품이다.

'동영상 유출사건'이라는 자극적이고, 매력적이지만, 다루기에는 만만치 않은 '문제적 소재'를 완성도 높은 극으로 만들어냈다. 여고생 친구들의 건강한 연대의식을 포착하고, 새로운 방향성을 제시한 지점도 반가웠다.

〈여름잠〉은 어른들의 방황을 지켜보며 윤리적 혼돈을 겪는 소년의 성장통을 다뤘다.

욕망과 죄의식 사이에서 한 여름을 보냈던 소년의 심리가 섬세하게 그려진 시나리오다.

작가는 이미지를 형상화하는 훈련이 잘 되어 있다. 인물의 행동과 표정으로 캐릭터의 성격을 드러내는 솜씨도 좋다. 그러나 대학 문학상에서는 안정감보다는 새로움이 더 환영받는다.

보다 실험적인 서사에 도전하기를 응원한다. 좋은 시나리오를 쓸 준비가 된 작가다.

논의 끝에 심사위원들은 한 작품을 당선작으로 추천했다.

그러나 문학상 운영위원회의 최종 검증 과정에서 기발표된 것으로 밝혀졌다.

이에 심사를 마치며 당선작을 낼 수 없어 아쉬움이 크다.

심사위원

김중효

현재 계명대학교 음악공연예술대학 연극뮤지컬전공 교수이자 한국드라마학회 회장이다. 또한 한국연극평론가로 활동하고 있다.

고연옥

대산문학상 희곡부문, 벽산희곡상, 차범석 희곡상, 동아연극상 희곡상을 수상했다. 연극 〈인류최초의 키스〉, 〈웃어라 무덤아〉, 〈일주일〉, 오페라 〈달이 물로 걸어오듯〉 등의 극본을 썼다. 현재 극작가이자 한국예술종합학교 극작과 교수이다.

김은성

2006 한국일보 신춘문예로 등단하여 차범석희곡상, 동아연극상, 두산연강예술상 등을 수상했다. 현재 극작가이자 한국예술종합학교 연극원 강사로 활동하고 있다.

장르문학 부문

1899
120주년
계명대학교

계명대학교 창립 120주년 기념 제39회 계명문학상

장르문학 부문 당선작

장례(葬禮)

박민혁 | 인하대 사학과 4학년

1

그는 오늘도 어김없이 새벽이 되자 눈을 떴다. 눈을 뜨자마자 그는 속으로 이렇게 되뇌었다.

'빌어먹을, 오늘도 눈을 뜨다니.'

끙, 끙 앓는 소리를 내며 침대에서 일어난 그는 침실에 딸린 화장실에 가 변기에 앉아 잘 나오지도 않는 소변을 쥐어짰다. 물론 만족할 만한 결과물은 얻지 못했다. 바지춤을 올리며 그는 자신의 방광에 여전히 소변이 남아 있음을 느꼈다. 아마도 5년 치는 족히 될 양을 말이다. 화장실에서 나온 그의 눈에는 새벽의 여명과 밤의 그림자에 잠겨 있는 커다란 침실이 보였다. 그가 박수 한 번을 치면 이 집의 모든 전등이 켜질 것이었지만, 그는 그렇게 하지 않았다. 다시 침대에 누워봤자 잠은 오지 않을 것이란 걸 잘 알고 있었으니까. 그는 자신의 오래 된 몸뚱이를 끌고 거실로 나왔다.

박수를 치는 대신 그는 직접 스위치를 눌러 부엌 불을 켰다. 그는 박수를 치거나 말로 하는 것보다 직접 누르는 것이 더 편했기 때문이다. 대리석 식탁을 두 번 두드리자, 커피머신이 미리 갈아놓은 원두 위로 뜨거운 물을 흘러내리는 소리가 들려왔다. 커피 메이커가 자동으로 기울여지며 세팅되어 있던 컵에 커피를 따랐다. 커피가 든 머그컵이 묵직했다. 들고 오래 있을 수 없을 정도로 말이다. 날이 갈수록 더 무거워지는 것 같아. 그는 대리석 위에 투명하게 띄워진 시계 위젯을 바라보았다. 05:21. 온도는 11도, 미세먼지는 나쁨. 푸른 하늘을 본 지 꽤 됐음을 그는 떠올렸다. 푸른 하늘을 보는 것이 이젠 손에 꼽을 일이 되어버린 건 우리 모두의 탓이었다. 미세먼지가 처음으로 이 나라에서 사회적인 문제가 되었던 때, 우리는 불평만 했을 뿐이다. 그리고 그 결과였다. 아무 죄가 없는 세대는 있었지만, 그가 속한 세대는 아니었다. 그가 속한 세대는 훗날 지구가 더 이상 인간이 살 수 없는 행성이 된다면, 주범으로 꼽힐 세대 중의 하나였으니까.

그는 대리석 바닥에 떠있는 신문 모양의 아이콘을 눌렀다. 식탁 위로 거대한 홀로그램 화면이 떠올랐다. 종이 신문의 사이즈 그대로 그의 눈앞에 홀로그램 화면으로 신문이 나타났다. 그는 허공에 떠있는 신문을 집어 들었다. 어떤 촉감도 없었지만, 그가 터치할 때마다 신문지가 바스락 거리는 소리가 귀를 간지럽혔다. 언제나, 그의 마음에 들지 않았다. 그의 세계는 아날로그와 디지털의 사이에 멈춰 있었기 때문이다. 그가 제대로 사용하기를 익힌 마지막 기기는 스마트폰이 끝이었다. 그 이후로 나온 것들은, 그저 남들이 이렇게 하라는 데로 따라 하고 있을 뿐이었다. 물론 어려울 건 없었다. 오히려 스마트폰을 익힐 때보다 쉬웠으니까. 굳이 뭘 익힐 필요도 없었다. 말만 하면 됐으니까. 말을 하지 않더라도 미리 설정해두면 인공지능이 알아서 모든 걸 처리하는 시대였다. 하지만 그는 마음에 들지 않았다. 보이지 않는 곳에서 말을 거는 인공지능도, 눈에 잡히지 않는 신문도, 디스플레이가 없이도 선명하게 어디서나 떠오르는 홀로그램 화면들도 모두 다, 그의 눈엔 실재하는 것이 아닌 장난 같아 보였으니까.

무심하게 신문을 넘기던 그의 눈은 〈S기업, A항성으로 향할 우주선 공정이 98%에 이르렀음을 발표〉 기사 앞에서 멈췄다. 특별한 기사는 아니었다. 내년이면 계획대로 우주선이 완성될 것이라는 것이 기사의 전부였다. 어제 걸려온 전화만 아니었다면, 그는 이 기사를 다른 기사들처럼 읽지도 않고 지나쳤을 지도 모른다. 하지만 어제 전화가 걸려왔고, 그는 전화를 받았다. 10년 만에 걸려온, 10년 동안 잊고 있던 전화 말이다.

전화가 걸려온 건 점심시간이 조금 지난 시간이었다. 간단한 죽으로 점심을 먹은 그가 소파에 앉아 나른하게 시간을 죽이고 있을 때였다. 아니, 정확히 말하자면 시간이 자신을 죽이는 것을 인지하고 있는 것이었지만. 그때 벨소리가 울렸다. 그의 눈앞에 큰 홀로그램 화면이 떠올랐다. 화면 위에는 모르는 번호와 함께 인공지능이 검색해놓은 번호의 정보가 나열되어 있었다. S기업. 우리나라 최고의 기업이자, 세계적인 기업이며, 이제는 지구를 넘어 우주 기업이 되고자 하고 있는 기업에서 사용하는 회선 번호였다.

"연결해."

화면에 검은 양복을 입은 젊은 남자의 얼굴이 나타났다. 이제 갓 서른 살을 넘겼을까, 싶은 젊은 청년이었다. 그는 저 남자가 바라보고 있는 화면에 보일 자신의 모습을 떠올렸다. 볼품없이 늙어버린 모습을 보일 거라고 생각하자 기분이 썩 좋지는 않았다.

"J 선생님이신가요?"

"그렇소."

"안녕하십니까, 저는 S기업 우주개발팀의 B라고 합니다. 선생님께서 10년 전에 투자해주셨던 프로젝트가 드디어 준비가 되었다는 사실을 알려드리고자 연락을 드렸습니다."

그는 10년 전을 떠올리려고 애썼다. 오래 산다는 건 금이 간 독에 기억을 채워두는 일과 같았다. 처음엔 미세한 금이었던 것이 작은 구멍이 되고, 그 구멍이 점점 커져가는 독 말이다. 독은 유한한 물건이니까, 한계와 수명이란 것이 정해져 있었다. 이 세상 모든 것들이 그랬다. 그러니까 독이 낡고, 금이 가고, 그래서 구멍이 나는 것은 이상한 일은 아니었다. 그러니까 수많은 기억들이 이제 더 이상 그의 것이 아닌 것도 이상한 일은 아닌 것이다. 그의 것임에도, 그의 것일 수 없는 기억들은 다 어디로 간 걸까. 그는 알지 못했기에 화면 속 남자에게 물었다.

"10년 전에 내가 뭘 했소?"

"선생님께서는 10년 전에 저희 S기업 우주개발 팀에서 기획한 프로젝트에 투자하셨습니다. A항성에 처음으로 가게 될 인류로 말입니다."

그제야 그는 독의 바닥에 간신히 남아 있던 기억 하나를 건져 올릴 수 있었다. 지금으로부터 10년 전인 2037년, 마지막 공동묘지의 입주 유예기간이 끝났기에 대기하고 있는 다른 사람에게로 기회가 돌아간다는 연락을 받은 바로 그 날이었다. 그 날 밤, 우울의 바다 속에서 헤엄칠 기운조차 없어 소파에 축 늘어진 채 그는 시간을 죽이고 있었다. 자신을 죽일 수는 없었기 때문이다. 그러던 그의 눈에 음소거 상태로 켜놓은 TV 화면이 들어왔다. 화면에는 우주의 모습이, 그리고 거대한 우주선이 그 검은 우주를 탐험하는 모습을 그려지고 있었다. 처음에 그는 식상하기 짝이 없는 다큐멘터리라고 생각해서 화면을 돌리려고 했다. 하지만 그가 화면을 돌리려고 말하려는 순간, 프로그램의 화면이 알아서 전환되었다. 전환된 화면에 나타난 것은 거대한 종이 티켓이었다. 그가 젊었을 때까지만 해도 이 세상에 존재했던 기차표였다. 그는 음소거를 해제했다. 듣기 좋은 성우의 목소리가 광고를 읊고 있었다.

"…A항성에 정착하는 최초의 인류가 될 기회입니다."

티켓에는 출발일이 정확히 15년 뒤로 적혀 있었고, 도착일은 100년 뒤로 적혀 있었다.

"100년 뒤, 우주선에 탑승한 인류는 인류가 정착할 A항성에 최초로 묻히게 될 것입니다!"

그는 TV화면을 인터넷으로 전환했다. S기업 우주개발부 홈페이지에 들어가자마자 이벤트 페이지로 연결되었다. 이벤트 페이지에는 프로젝트 내용이 장황하게 적혀 있었다. 하지만 장황한 내용들 중에서 그의 시선을 사로잡은 건 다른 글자들과 달리 아주 작은 폰트 포인트로 적혀 있는 내용이었다.

※ A항성에서 정성스럽게 장례를 치러드리겠습니다. A항성의 땅에 가장 먼저 지어질 것은 바로 인류 최초의 묘지입니다. 1차 얼리버드로 투자하신 30분에겐 가장 좋은 묘지 자리를 선점하실 수 있는 특전을 드립니다.

그 밑에는 조건이 달려 있었다. 현재를 기준으로 95세 이상이신 분. 그는 S기업의 계산법을 알았다. 기술은 진보했지만 인류의 수명연장은 큰 진보를 이루지 못하고 있었다. 기술이 열 걸음을 앞서 나가도, 인간의 신체는 선천적인 한계를 가지고 있었다. 100세를 넘게 사는 것은 불가능한 영역의 일이 아니었지만, 동시에 여전히 보편적인 일은 아니었다. 인간의 평균수명과 최대수명은 분명 늘어났지만 그 혜택은 소수에게만 돌아갔을 뿐이다. 대부분의 사람들은 여전히 100세에 도달하지 못한 채로 세상을 떠났다. 그리고 그때 95세였던 그는 당연히 자신이 몇 년 안으로 이 세상을 떠날 것이라고 확신하고 있던 참이었다. 그러니까 이 프로젝트는 인간이 정복하지 못한 미지의 두 땅과 관련된 일이었던 것이다. 죽음, 그리고 우주.

무엇보다 타이밍이 너무나 절묘했다. 더 이상 이 지구상에 자신이 묻힐 수 있는 땅이 없다는 사실을 알게 된 날, 우주에 자신이 묻힐 수 있는 땅이 있다는 광고를 보게 되다니. 만약 광고를 보지 못했다면, 그는 시간이 흐름으로서 예정된 죽음을 맞이할 것이었고 법적으로 규정된 방식대로 장례를 치르도록 자신의 육신을 내려놓아야 했을 것이다. 이젠 지구상에서 가장 보편적인 장례 방식이 된 화장으로 말이다. 그는 한줌의 재가 되었을 것이고, 작은 도자기에 담겨 재들의 아파트의 한 층에 입주했을 것이었다.

그래서 그는 자신이 이 프로젝트에 참여할 수 있는 조건에 부합한다는 사실이 만족스러웠다. 15년이 지나기 전에 죽으면, 그의 신체는 대기업의 관리 하에서 아주 잘 관리될 것이었다. 그리고 그는 자신이 15년이나 더 살 거라고 생각하지 않았다. 그는 당장 일주일 후에 눈을 뜨고 있을 거라고 확신하지 못하는 나이였으니까. 망설일 필요는 없었다. 그 순간 그의 심장을 불편하게 만들고 있던 감정과 오른손에 들고 있던 꼬냑 한 잔은 그를 조금 더 충동적으로 만들기에 충분했다. 동시에 그 꼬냑은, 그에게서 S기업에 대한 기억을 잊어버리게 만들기에도 충분했던 모양이었다.

"선생님께서는 저희 프로젝트에 가장 먼저 신청해주신 분입니다. 그래서 선생님의 자리는 우주선의 가장 좋은 자리에, 창으로 밖을 바라볼 수 있는 자리에 가장 먼저 만들어졌습니다."

그는 약간 들뜬 기분으로 물었다.

"5년 뒤에 정말로 떠난단 말이오?"

"그렇습니다. 현재 우주선은 마무리 작업 중에 있으며 내후년 완성될 예정입니다. 시뮬레이션 결과도 완벽하다고 할 수 있습니다."

그는 미간을 찌푸렸다. 심장이 한 번 쿵, 하고 아파왔기 때문이다. 하루에 한 두 번쯤 있는 작은 쇼크였다. 쇼크는 심장에 부착된 작은 칩이 제어하고 있었기에 큰일은 아니었다. 다만, 그는 이 작은 통증이 자신에게 어떤 의미인지를 알았다. 그게 그를 불안하게 만들기 시작했다.

"그런데 난 아직 살아 있소."

그는 기억했다. 10년 전 그를 낙담에 빠트렸던 일을. 마지막 공동묘지의 한 자리를 그는 기어코 손에 넣었었다. 하지만 95세가 되던 그 해에, 그는 죽지 못했다. 당연히 죽을 거라고 생각했는데. 유예기간이 모두 지나고, 돌아온 것은 그 자리는 다음 대기 순번으로 넘어갔다는 연락이었다. 그리고 지금, 그는 다시금 그 문제 앞에 도착해있었다. 이 땅이건, 우주이건 그를 방해하는 건 그 자신이 살아 있기 때문이었다. 죽음을 선택할 수 있는 권리를 살아있음이 빼앗고 있었다.

"그래서 이렇게 전화를 드린 것입니다."

B는 담담한 표정으로 이야기를 이어갔다. 현재 지원해주셨던 대부분의 분들은—안타깝게도—모두 생을 달리하셔서, 현재 S기업에서 직접 관리를 하고 있다—삼가 고인의 명복을 빕니다—그런데 현재까지 J 선생님과 다른 한 분은 다행히도—그러나 B가 내뱉은 다행이란 두 글자엔 당혹스러움이 담겨 있었다—건강하시기 때문에 향후 계획이 틀어질 수도 있다는 걸 알려드리고자 전화를 드렸다고 했다. 틀어진다는 말이 그를 당혹스럽게 만들었다.

"틀어진다는 게 무슨 의미요?"

"이 우주선은 신청하신 분들을 A항성까지 안전하게 보내기 위한 목적으로 만들어졌습니다. 우주선에는 전적으로 프로그래밍 된 로봇들만이 탈 예정입니다. 선생님이 정말 다행히도 남은 5년 후의 출발일에도 건강하시다면, 아무래도 이 프로젝트에 참가하시는 것은 어려울 수 있습니다. 대신에 몇 가지 대체할 수 있는 방법들도 마련되어 있습니다. 그래서 조만간 선생님을 직접 뵙고 이야기 나눌 수 있었으면 좋겠습니다. 제가 직접 선생님 댁으로 찾아뵙겠습니다."

"아니 됐소."

그의 목소리에 노기가 섞였다. 또 한 번 비슷한 이유로 자신의 소원을 박탈 당할 것만 같았기 때문이다.

"내가 당신네로 찾아가겠소."

화면에서 남자가 사라지고, 그는 한참을 소파에 몸을 파묻은 채로 있었다. 한참의 생각 끝에, 그는 자신이 그렇게 크게 걱정할 필요가 없다는 결론을 내렸다. 5년이란 시간은 길었다. 그는 지금도 자신이 충분히 오래 살았다고 생각하고 있던 터였다. 상대적으로 건강한 편이었지만, 노년기의 건강이란 언제든지 한 순간에 꺾일 가능성을 품고 있었다.

물론 그는 오늘도 어김없이 눈을 떴고, 이렇게 커피를 마시고 있었다. 방광에 느껴지는 잔뇨감을 느끼면서. 모든 감각이 그가 살아있음을 말해주고 있었다. 아주 거슬리고 고통스러운 방법으로 말이다.

2

S기업 빌딩은 끝이 보이지 않을 정도로 하늘 높이 솟아 있었다. 빌딩의 첨두로 포위된 하늘이 너무도 좁고 멀리 있어서 바라보기 힘들었다. 312층짜리 빌딩이라니. 그는 말도 안 된다고 생각했다. 그는 이 나라에 이런 건물이 들어설 거라고 한 번도 상상해본 적이 없었다. 타이페이에

빌딩이 들어설 때도, 두바이에 147층짜리 빌딩이 들어설 때에도 그는 모두 다른 나라 이야기에 불과하다고 생각했었다. 911테러로 뉴욕의 쌍둥이 빌딩이 무너져 내린 후로 인간이 더 이상 하늘에 도전하는 바벨탑을 짓지 않을 것이라고 생각했었다. 그러나 인간들은 그의 예측을 비웃으며 더 높은 바벨탑을 세웠다.

빌딩 안으로 들어서자, 남자인지 여자인지 알 수 없는 미묘한 사람의 형상을 한 홀로그램이 그의 앞에 나타났다. 무엇을 도와드릴까요, 라고 묻는 홀로그램에게 입장하며 받은 방문객 카드를 꺼내 보였다. 홀로그램이 카드를 읽는 소리와 함께 동시에 승인되었다는 빨간 글씨가 홀로그램의 위에 새겨졌다. 홀로그램이 사라지자 그 자리에 낯선 남자가 서 있었다. 전화 속에서 본 남자보다 더 젊은 사람이었다.

"J 선생님, 맞으시죠? 이쪽으로 모시겠습니다."

우주개발부서는 209층에 있었다. 엘리베이터는 순식간에 209층으로 향했다. 직원은 그를 세련된 가구들과 입체주의 그림들이 걸려 있는 응접실로 안내했다.

"곧 B팀장님이 오실 거예요. 잠시만 기다려주세요."

소파는 비싼 값을 하듯이 그의 몸을 포근하게 품었다. 그는 이제 모든 것이 자신에게 너무나 버겁다는 것을 인정해야 했다. 집밖을 걸어 나오는 그 짧은 거리도, 자율주행 차를 타고 S기업 빌딩까지 오는 그 30분의 시간도 그에겐 버거웠다. 하지만 무엇보다 버거운 것은 그에겐 익숙해질 수 없는 기술들이었다. 그가 어렸을 때 보았던 영화들에 나온 기술들은 대부분 현실이 되었다. 자율주행 자동차, 홀로그램, 인공지능, 로봇, 인공장기까지도. 물론 로봇이 스스로 자아를 찾아 인간이 되겠다고 하거나, 로봇들이 반란을 일으키거나 하지는 않았다. 그는 이 기술들을 받아들였다. 아니 받아들일 수밖에 없었다. 편리했기 때문이다. 편리함이 받아들이기를 강제했으니까. 하지만 여전히 그는, 불편함의 시절을 기억했다. 이런 걸 늙었다고 한다는 걸 그 역시 알고 있었다.

"S기업 우주개발팀 팀장 B라고 합니다."

화면 속에서 봤던 젊은 남자가 다가와 있었다.

"안녕하시오, J라고 하오."

B는 그를 자리로 안내했다. 그가 먼저 선수를 쳤다,

"굳이 돌아갈 필요는 없을 것 같소."

B는 웃으며 고개를 끄덕였다.

"그럼 바로 시작하도록 하겠습니다. 선생님께서는 이 프로젝트에 가장 먼저 신청해주신 분이기 때문에, 그리고 적지 않은 투자금을 내주신 분이시기 때문에 항상 감사하게 생각하고 특별히 생각하는 분입니다. 그래서 저희도 이런 상황이 다가온 것이 무척이나 안타깝습니다."

"시작부터 프로젝트에 참여할 수 없게 되었다, 뭐 그런 건가?

"아닙니다, 선생님. 물론 선생님이 원하신다면 그렇게 해드릴 수도 있습니다. 하지만 저희도 선생님에게 이 프로젝트가 어떤 의미인지를 알고 있기 때문에…선생님의 선택이 가장 중요합니다."

B는 그에게 한 가지 방안을 제안했다. 투자금액 전액과 약간의 보상금을 돌려받고 프로젝트를 포기하는 방법.

"이 나이 먹고 돈이 무슨 소용이 있다고."

"선생님께서는 절대로 포기하실 생각이 없을 것이라고 생각은 했습니다."

그가 고개를 끄덕였다. B는 잠시 망설였으나, 이내 결심한 듯 말을 이어나갔다.

"방법이 하나 있습니다. 산 채로 우주선에 탑승하는 것입니다."

"살아있는 상태로 우주선에 탈 수 없는 것 아니었소?"

"예, 사실은 그렇습니다. 우주선에서 사람이 살 수는 없습니다. 생명체가 살 수 있는 구조로 만들어지는 우주선이 아니기 때문입니다."

"그런데 내가 어떻게 탄 단 말이오?"

"J 선생님과 D 선생님을 제외한 다른 탑승 지원자 분들께서는, 애석하게도 모두 생을 마감하셨습니다. 그리고 지원자분들은 현재 저희가 소중히, 아주 철저하게 모시고 있습니다. 지원자 분들은 5년 뒤 우주선에 탑승하게 됩니다. 우주선에 탑승하면, 선생님들은—선생님도 아실 겁니다, 냉동인간 말입니다—급속냉동장치에 의해서 영원히 보존됩니다. 그렇게 100년의 여정 끝에 소중히 그리고 안전히 보존된 상태로 A항성에 도착하게 되는 것이지요."

"근데 그게 나와 무슨 상관이란 말이오?"

"선생님은 꼭 이번 기회에 A항성으로 가고 싶으신 것이잖습니까."

"정확히 말하자면 땅에 내 몸이 온전히 묻히고 싶은 것이지, A항성에 꼭 가고 싶은 것은 아니오."

"선생님께서 만약, 5년이 지난 뒤에도—이런 표현 밖에 쓰지 못하는 저의 부족한 어휘력에 대해 우선 양해를 구합니다—건강하게 살아계신다면, 그리고 그때까지 선생님께서 이 프로젝트에 함께 하시길 원하신다면, 저희가 제시할 수 있는 방안은 단 두 가지뿐입니다. 선생님께서 포기하시거나, 아니면 급속냉동장치에 들어가신 채로 우주선에 탑승하시는 것입니다."

"음."

그는 짧게 신음했다. 아주 예전에 고인이 되어버린 메이웨더의 훅이 그의 면상에 한 방 꽂힌 것만 같았다. 그는 훅을 맞아 흔들거리는 뇌를 붙잡기 위해 애를 써야 했다.

“뭐, 냉동인간이라면 그 미래로 가서 살기 위해 일부러 몸을 얼리는 그거 말인가? 근데 내 알기로 그게 얼리는 순간 인간은 죽게 된다고 들었는데.”

“예, 사실 냉동인간이라는 것은 과거의 미신에 불과합니다. 저희가 사용하는 냉동장치란 소중한 고객님들의 시신을 온전하고 안전하게, 100년의 여행기간 동안 보존하기 위한 장치일 뿐입니다.”

“그렇다면 살아있는 내가 그 냉동장치에 들어간다면 죽는다는 이야기가 아닌가?”

B는 그의 질문에 곧장 대답하지 못했다. B는 차를 한 모금 마셨고, 그에게 커피를 마시길 권했다. 적합한 표현들을 떠올리고, 그 표현들로 문장을 만들 시간을 벌기 위함이겠지. 그도 이젠 굳이 B를 재촉하고 싶은 마음이 없었다. 그는 B가 할 말을 알고 있었기 때문이다.

“선생님도 아시겠지만, 우주 사업은 몇 십 년 동안 길을 잃고 헤매고 있었습니다. 선생님이 아주 젊으셨던 그때부터 우주 사업이 추진되었음을, 역사의 산증인으로 알고 계실 것입니다. 수많은 우주선들이 발사되었습니다. 우리 은하계를 나간 탐사선들도 있죠. 보이저 1호, 2호는 2021년 4월, 연락이 끊긴 지금도 우주를 탐험하고 있습니다. 하지만 그게 전부였습니다. 영화에서 그렸던 새로운 우주 식민지 같은 것은 아직도 인류의 꿈일 뿐입니다. 그럴수록 수많은 사람들이 지쳐갔습니다. 40년 전, 우주 사업은 그 어느 사업 보다 유망한 투자 상품이었지만 지금은 모든 투자자들이 기피하는 죽은 사업 취급을 받는 것이 현실입니다. 그 기간 동안 인류가 이룬 우주와 관련된 유일한 업적은 A항성을 발견

한 것입니다. 인류가 살 수 있는 환경을 가지고 있는 행성을 정말 우연찮게 발견하게 된 것이죠. 저희 회사는 그 기회를 놓칠 수 없었습니다. 지금까지 우주 사업에 들였던 비용은, 이젠 이 사업에서 절대로 발을 빼지 못하게 만들었으니까요. 어떻게든 성과를 내야 했습니다. 그 노력의 결과가 바로 이 프로젝트입니다.

물론 대부분의 사람들이 이 프로젝트를 회의적으로 바라보았습니다. 회사에서조차 많은 비용을 투자하기를 꺼려했습니다. 분명 성공할 수 있는 프로젝트임에도요. 그래서 마지막 수단이었습니다. 장례. 태어나는 사람보다 죽는 사람이 더 많은 이 시기를 놓칠 수 없었습니다. 첫 광고였고, 가장 먼저 걸려온 전화가 바로 선생님의 전화였습니다. 선생님의 첫 번째 투자, 그것도 상당한 액수의 투자금은 이 프로젝트가 지금 이 순간에 도달할 수 있는 발판이 되었습니다. 아주 중요한 발판 말입니다. 그렇기에 저희 기업에선 선생님을 단순한 기업과 투자자, 또는 기업과 고객의 관계로 생각하고 있지 않습니다."

그렇게 신경을 쓰고 있었는데 5년이 남았을 때에야 전화를 걸어왔다는 것이 과연 설득력이 있는 이야기인지를 그는 굳이 지적하지 않았다.

"그렇기에 저희가 이렇게 선생님을 설득하려고 하는 것입니다. 이 프로젝트는 단순히 수익을 위한 것이 아닙니다. 거액을 투자한 이 프로젝트는 향후 S기업의 미래를 가늠할 프로젝트입니다. 그런 프로젝트의 시작을 함께 해주신 선생님은 저희에게 있어서 단순한 고객님, 혹은 투자자님이 아니십니다. 선생님에게 저희가 제안 드릴 수 있는 방법은, 선생님의 죽음을 담보로 하는 방법입니다. 이것은 도덕적인 고려를 넘어서서, 저와 선생님의 관계, 저희 S기업과 선생님의 관계에 있어서도 심각한 문제가 될 수 있습니다. 선생님, 부디 잘 생각해주시길 바랍니다. 저희는 무조건 선생님의 의사를 따르겠습니다만…."

그는 빌딩을 올려다보았다. 갈릴레이 이후 신은 죽었다. 그 결과가 바로 저 빌딩이 아닐까, 그는 생각했다. 빌딩은 마치 하늘을 찌를 듯이, 저 하늘에 살고 있는 신을 찌를 듯이 도전하고 있었다. 그도 분명 저 바벨탑을 쌓은 사람 중 하나였지만, 너무나 많은 시간이 흘러버린 걸까, 눈살이 찌푸려지는 건 어쩔 수 없는 모양이다. 이제 이 빌딩은 하늘을 뚫고 우주로 날아갈 것이다. 인류가 그토록 기원해왔던 일이다. 인류가 끝없는 바벨탑을 쌓은 이유가 바로 거기에 있었다. 인류는 바벨탑을 계속해서 쌓을 것이다. 쌓고 쌓아서, 대기를 넘어, 지구를 넘어, 달을 넘어 바벨탑이 A항성으로 이어질 때까지 계속해서 쌓을 것이다.

피곤했다. 그는 새삼스럽게 자신의 나이를 실감했다. 어쩌면 B의 우려와는 달리 5년 뒤에는 시체가 되어 우주선에 탑승하게 될 지도 모를 일이다. 무엇보다 그에겐 선택의 여지가 없었다. 5년 안에 죽거나, 5년 뒤에 죽거나, 아니면 언제 찾아올 지모를 죽음을 기다리며 살다가 결국 죽거나. 그에겐 죽음이란 선택지밖엔 없었다. 그는 B가 적어준 D의 주소를 들여다보고는 신음했다. 병원이라니. 바쁘게 거니는 사람들과 차들 사이에서 그는 이 세상에 혼자만 남은 기분을 느꼈다.

3

딸은 직접 집에서 만들어온 음식들을 식탁에 늘어놓았다. 한 달에 두 번 정도 딸과 함께 하는 저녁 식사는 언제나 불편한 자리였다. 예전부터 딸은 그에게 의무를 느끼고 있었다. 딸에게 있어 그는 커다란 골칫거리일 것이었다. 함께 살자는 제안을 매번 거절하고 혼자 이 커다란 저택에서 살아가는 늙은 노인의 존재는 곧 자신에 대한 비난처럼 여겨졌을 테니까.

그는 딸이 자신에게 느끼는 의무감을 버렸으면 하고 바랐다. 오히려 그야말로 딸에 대한 부채감을 느끼고 있었다. 그래서 그는 딸에게 연락을 자주 하지도 않았고, 딸의 인생에 대해 왈가왈부 하지 않으려고 했다. 그와 딸의 이 엇갈린 부채가, 서로를 불편하게 만들고 있음은 분명했다.

그는 딸을 늦은 나이에 낳았다. 애정을 쏟아 키운 첫째 아들이 사고로 떠난 이후로, 더 이상 무엇인가에 애정을 쏟을 수 없게 되었다. 물론 그건 비겁한 변명일 지도 모른다. 도망치기 급급했다고 비난해도 할 말은 없었다. 결국 모든 것은 이미 흘러간 뒤였으니까. 딸의 존재를 다시금 깨달은 것은 아내가 암으로 세상을 떠난 뒤였다. 그건 아마 딸도 마찬가지였을 것이다. 아내의 장례식을 끝내고 처음으로 맞이한 주말 아침, 딸은 여전히 그의 집에 있었다. 아내가 자주 앉았던 소파에 앉은 채, 딸은 침실에서 나온 그를 바라보았다. 그는 딸이 낯설었다. 그가 알고 있던 딸은 중학교에 막 들어가던 때에 머물러 있었다. 하지만 소파에 앉아서 그를 바라보고 있는 건 어른이 되어버린 딸이었다. 그와 마찬가지로 죽음을 향해 달려가고 있는 딸 말이다. 그동안 잊고 지냈던, 의식적으로 피해왔던 딸의 존재가 그의 눈에 가득 찼다. 그가 먼저 고개를 돌렸고, 딸은 한참동안 그런 그를 바라보고 있었다.

"의사가 뭐래?"

딸은 그를 바라보고 있었다. 자신과 함께 늙어가고 있는 딸의 모습이 그는 거북했다. 딸이 자신과 함께 늙어가는 모습을 보는 것은 자신이 제때 죽지 못한 탓이었다. 그는 접시 위로 시선을 옮겼지만, 접시 위에는 주름 진 돼지고기 덩어리가 갈비 소스에 절여져 있었다.

"이번 달엔 안 갔다."

"안 가면 어떡해."

"네 나이에야 병원에 잘 가야하지만, 내 나이 되면 다 똑같다. 10년 전부터 의사가 하는 말은 똑같았어."

"내가 챙겨온 것들 냉장고에 넣어놨어요. 그냥 꺼내서 데우기만 하면 되니까. 이번에 가져온 약이 전립선에 좋대요."

그는 대답하지 않았다. 딸의 젓가락이 그릇을 치는 소리가, 그가 입속에서 음식을 우물거리는 소리만이 식탁 위를 오가고 있었다. 어색한 침묵을 깬 건 딸이 아니라 그였다.

"너 혹시 S기업에서 한다는 우주 사업, 알고 있니?"

"5년 후에 출발한다는 우주선? 꽤 돈 들였대요. 이번에도 실패하면 기업이 휘청일 정도일 거라던데. 그러니까 아마 확신이 있는 거겠지."

침묵이 이어졌고, 딸이 다시 그에게 물어왔다.

"근데 그건 왜?"

"그 프로젝트에 나도 투자했었다."

"그래? 그거 투자금 회수하려면 꽤 오래 걸릴 텐데. A항성에 도착하는 데에 100년은 걸린다는데, 그때까지 기다릴 수 있어요? 도착을 해야 그게 회수가 될 텐데. 뭐 지금 아빠 모습만 보면, 한 20년은 더 살 거 같긴 한데."

그는 짧게 신음했다. 딸은 변명하듯 말을 붙였다.

"오래 살면 좋잖아."

다시 침묵이 식탁 위에 오갔다. 그는 이미 식욕을 잃은 뒤였다. 딸의 젓가락질이 멈췄다. 그는 젓가락을 쥐고 있는 딸의 손가락을 바라보았다.

“내가 알기론 그게 투자하는 방법이 두 가지로 알거든. 하나는 일반적으로 투자하는 거고, 또 하나는 죽음을 앞둔 노인들 상대로 하던 거였는데.”

딸의 젓가락이 다시 움직이기 시작했다. 접시에서 갈비를 집어 든 젓가락은 딸의 입속으로 사라졌다가 다시 나왔다. 지금이 기회였다. 딸이 음식을 씹고 있을 때 말이다.

“5년 뒤에 아빠는 여기 없을 거다.”

젓가락이 식탁 위에 내려왔다. 딸의 손가락에서 시선을 들면, 그는 딸의 눈을 마주하게 될 것이었다. 똥그란 눈, 그리고 그 눈가에 맺힌 주름을. 천천히 고개를 들었다. 딸은 음식이 아니라 그가 내뱉은 말의 의미를 곱씹고 있는 듯했다.

“또 그 소리에요? 5년 뒤엔 살아 있을 수도 있고, 죽을 수도 있고 뭐 그런 이야기 말이야.”

이내 딸의 젓가락은 다시 움직이기 시작했다.

“아니, 5년 뒤에 확실히 나는 떠날 거야.”

딸의 젓가락질이 다시 멈췄다. 그는 딸의 눈을 가만히 응시했다. 딸도, 그런 그의 시선을 피하지 않았다. 딸은 이제 그의 시선을 피하는, 그런 어린 아이가 아니었으니까. 이젠 딸도 식욕을 잃은 게 분명했다. 딸은 젓가락을 식탁 위에 소리를 내며 내려놓았다.

“죽어야지만 우주선에 탑승할 수 있는 거잖아. 아직 안 죽었는데, 아니 5년 뒤에 아버지가 여전히 살아있을지 죽을 지도 모르는데 어떻게. 그 전에 죽는다면 모르겠는데, 안 죽으면.”

“5년 뒤에도 만약 살아있으면, S기업에서 우주선에 자리를 마련해준다고 했다. 아니 사실 내가 첫 번째 투자자였다고, 이미 내 자리는 만들어져 있어. 단지 내가 죽지 않고, 내 권리를 포기하면 다음 순번에게로 넘어가는 거지. 그래서 권리를 포기 하지 않을 생각이다."

"그건 자살이야. 아니, 살인이지. 그래 안락사! 하지만 우리나라에서 안락사는 불법이라고."

"안락사라는 표현보다는 존엄사라는 표현을 써라. 서류상으론 그 날, 자연사한 걸로 되겠지. 우연히 말이야. 아무도 내 서류를 들여 볼 사람은 없을 거다."

그는 딸의 얼굴에서 낯선 표정을 읽었다. 그것은 분노였고, 동시에 그를 향한 책망이었다. 왜? 무엇 때문에…. 한참의 침묵 끝에 딸이 무거운 목소리로 입을 열었다.

"도대체 왜 그렇게 땅에 묻히는 데에 집착하는 거야? 그게 그렇게 중요해? 화장하면 어때? 화장한 아버지 육체와 땅에 묻힌 아버지의 육체가 뭐가 달라? 법적으로 안 되니까 이젠 우주라고? A항성이라고? 100년이나 가야 닿는 그 항성이라고?"

딸의 목소리가 점점 격앙되고 있었다. 딸이 격앙될수록, 그는 자신의 선택에 확신이 서기 시작함을, 차분해지기 시작함을 느끼고 있었다.

"선택할 수 있어야 한다. 이건 내 선택이야. 이미 오래 살았어. 충분히. 지금까지 죽음을 선택할 수 없었다. 죽음을 앞둔 지금 나는 선택할 수 있는 권리가 있어. 죽어서나 살아서나 어쨌든 그 자리는 내 자리로 만들어진 곳이야. 이젠 이 지구에선 존재할 수 없는 내 육신을 위한 자리를 난 돈으로 산거야. 그 기회를 놓치고 싶지 않아."

딸은 자리에서 일어섰다. 딸은 거칠게 식탁 위를 치웠다. 딸이 설거지를 다 마치고 짐을 두고 현관문으로 향할 때까지도 그는 그저 식탁에

덩그러니 앉아 있었다.

"어떻게 그렇게 이기적이야?"

쾅, 하고 문이 닫혔다. 그 커다란 소리는 이미 세상에서 사라졌지만, 그의 귀에서는 계속해서 맴돌고 있었다.

이기적이라니. 내가 이기적이라니. 내 죽음을 선택하는 것이 어째서 이기적이란 말인가. 지금 이 상황에서 잘못된 건, 나도 딸도 아니다. 잘못된 건 빌어먹게도 끈질기게 살아 있는 이 육신이었다. 심장에 인공 칩을 박고, 인공 췌장을 이식 받고, 인공 관절과 디스크를 넣은 이 몸은 무엇을 위해서 지금껏 발버둥 쳐왔던 것일까. 성공과 부였다. 성공과 부에는 휴식이 따라올 것이라고 생각했다. 평온한 휴식. 태어난 이래로 살아 있기에 부여 받아야 했던 그 모든 무게에서 해방되는 날이 올 거라고 생각했다. 하지만 모든 것을 내려놓고 나서야 그는 알았다. 그 무게가 진정으로 가리고 있던, 이 세계에 태어난 존재들은 어쩔 수 없이 짊어져야 할 커다란 짐의 무게를 말이다. 결국 모든 것은 죽음의 공포에서 벗어나기 위한 발버둥에 불과했다. 그리고 발버둥칠수록 우리는 조금 더 죽음에 가까워질 뿐이었다.

그는 이마를 짚으며 거실을 둘러보았다. 딸이 항상 하던 말대로, 확실히 혼자 살기엔 커다란 집이었다. 그 날 새벽까지 그는 거실에 앉아 있었다. 잠은 오지 않았다. 아니, 잠들었을 때 다시 일어나지 못하는 것이 두려웠다. 이제 와서 왜? 막상 죽음 앞에 서니 두려워지는 걸까. 5년 뒤에도 살아 있다면 어떻게 될까. 좁은 관 같은 캡슐에 들어간다. 캡슐의 문이 닫히고, 어둠 속에서 그는 천천히 얼어간다. 숨이 막혀온다. 그 순간 나는 후회할까, 아니면 받아들일 수 있을까. 커다란 집에 내려앉은 어둠과 정적이 그를 견딜 수 없게 만들었다. 그는 TV 화면을 벽에 띄웠다. 마침 켜진 것은 홈쇼핑 채널이었고, 채널에선 가정용 로봇을 재고처리로 팔고 있었다. 10년 전에 나왔을 법한 인간형 로봇이었다. 요즘 누가 인간형 로봇을 사는가. 그 비효율은 2010년대부터 시인되어 왔던 바였다. 기계 부품으로 이루어진 로봇은 모든 움직임이 비효율적이었다. 느리고, 섬세하지 못했다. 생긴 것도 인간과는 전혀 닮지 않았고 말이다. 유일하게 닮은 것은 두 발로 걷고, 두 팔을 사용할 수 있다는 점이었지만 그게 바로 인간형 로봇의 가장 커다란 결함이었다.

"홀로 계시는 부모님에게도 좋은 말동무, 친구가 되어줄 제품입니다."

하지만 인간형 로봇을 선호하는 사람들이 있었다. 인간을 닮은 로봇의 모습이 익숙한 사람들. 그리고 사람을 닮은 것이 올바르다고 믿는 사람들. 그는 전자에 속했다. 그가 젊었을 적 보았던 모든 SF 영화 속에서 로봇은 인간의 모습을 하고 있었다. 그래야만 한다는 듯이.

쇼 호스트가 소개하는 동안에도 로봇은 청소기를 돌리고, 설거지를 하고, 옆에 앉은 노인 배우와 대화를 하고 있었다. 로봇은 쇼 호스트가 손을 뻗으면 쇼 호스트의 손을 잡았고 어색하게 녹음된 목소리로 쇼 호스트에게 물었다.

"무엇이 필요하신가요?"

그는 화면에 떠있는 주문 팝업창을 잠시간 쳐다보았다. 이내, 주문이 접수되었다는 메시지가 화면에 떠올랐다. 홈쇼핑 방송이 끝나고, TV 편성이 끝났다는 알림과 함께 검은 화면이 벽에 가득 찼다. 그는 오랜만에 한 충동구매를 후회했다.

다음 날 로봇이 배송되었다. 배송기사는 친절하게 로봇이 든 상자를 거실까지 가져와 직접 상자를 열어주었다.

"가슴에 있는 버튼을 누르시면 알아서 일어날 거예요. 그리고 충전 잭은 여기 있는데, 이게 구형 모델이라서 젠더 가 필요해요. 이게 그 젠더구요."

모든 설명을 마치고 배송기사가 떠났다. 그는 상자 안에 누워 있는 로봇을 바라보았다. 상자 안에 충격방지용 스티로폼 사이에 누워 있는 로봇은, 이미 살이 다 썩어 들어가 뼈만 남은 사람의 시체 같았다. 로봇 가슴에 있는 버튼을 눌렀다. 버튼을 누르자 로봇의 네모난 눈에 불이 들어오더니 스스로 상자에서 일어섰다. 로봇은 그에게 손을 내밀었다. 그렇게 프로그래밍이 되어 있는 듯했다.

"제 모델명은 CG-124입니다. 만나서 반갑습니다."

그는 CG-124의 손을 잡지 않았다. CG-124의 손은 어색하게 공중에 한참을 떠 있다가 내려갔다.

"주인님의 성함을 말씀해주세요."

그는 자신의 이름을 말했다. 그러자 로봇의 가슴에 그의 이름이 입력되었다. 로봇의 배터리 량과 함께 그의 이름이 표시되고 있었다.

"제 이름을 설정하고 싶으시면 말씀해주십시오."

그는 고개를 저었다. 로봇에게 이름은 무슨. 그는 로봇을 구매한 것을 후회하고 있었다. 불필요한 가전제품이었으니까. 이미 이 집엔 AI가 있었다. 집의 모든 디바이스들과 연결되어 있는 AI는 이미 충분히 그의 삶을 편리하게 만들어주고 있었다. 로봇 청소기, 설거지 머신, 세탁기, 그의 생활의 대부분을 이미 AI가 다 맡아서 하고 있었다. 그러니까 이 로봇이 할 수 있는 건 거의 없었다. 그나마 할 수 있는 건 말동무 정도였지만, 그것조차 사실 AI도 할 수 있었다. 단지 보이지 않는 누군가와 대화하는 것을 싫어하는 그가 사용하지 않고 있었을 뿐이다.

"시키실 것이 있으십니까?"

로봇에게 도저히 시킬 것을 찾을 수 없었기에, 그는 로봇에게 대답하지 않았다. 로봇은 그의 대답을 하염없이 기다리고 있었다. 그는 천천히 소파에 앉았다.

"네 매뉴얼 좀 가져와라."

로봇은 기대보다는 더 재빠르게 움직였다. 그는 돋보기안경을 꺼내 써 매뉴얼을 하나, 하나 읽으려고 시도했다. 하지만 글씨는 조악하리만큼 작았다. 노인네들 상대로 판매하려고 만든 제품이 맞긴 한 걸까 의심스러울 정도로. 결국 그는 매뉴얼 읽는 것을 포기했다. 어차피 매뉴얼은 로봇에게 다 프로그래밍 되어 있었다. 그는 그저 시키면 되는 것이었고, 로봇은 만약 자신이 할 수 없는 일이라면 못한다고 밝힐 것이었다. 그럼에도 여전히 매뉴얼이 박스에 딸려 오는 것은, 그리고 그 매뉴얼을 한 번이라도 들여다보려고 하는 것은 그저 아직까지 그의 몸에 배어 있는 습관이었을 뿐이었다.

CG-124는 그를 바라보고 가만히 서있었다. 언제까지 서있는지 볼까. 그가 명령을 내리지 않는다면 로봇은 아마 자신의 배터리가 다 할 때까지 그 자리에 서있을 거였다. 그는 한참 동안 로봇을 바라보았다. 사람처럼 두 눈과 코, 입을 만들어놓은 얼굴은 그러나 그 자체로 기만 같았다. 로봇의 눈은 두 개의 눈알이 아니라 하나의 커다란 카메라로 이루어져 있었고, 코는 숨을 쉬는 것이 아니라 장식용이었을 뿐이다. 입 안에는 스피커가 달려 있을 거였다. 저 입술은 그러니까 필요도 없는 장식일 뿐이다. 로봇의 모든 것이 장식이었다. 어디까지 장식일까. 그리고 어디부터가 로봇의 진정한 모습일까.

그를 깨운 것은 로봇이 아니라 벨소리였다. 그의 눈앞에 딸의 전화번호와 얼굴 사진이 떠 있는 화면이 나타났다. 그리고 로봇은 번호 홀로그램 뒤에서 가만히 선 채로, 아까 그 모습 그대로 그를 바라보고 있었다. 그가 아무것도 시키지 않았기에. 그는 딸의 전화를 받았다. 어젯밤에 화난 것이 아직 풀리지 않은 듯, 딸의 목소리는 퉁명스러웠다. 딸은 쏘아붙이듯이 그에게 말했다. 다음 달에 엄마 기일 인 거 알지? 그는 딸의 속셈을 알 것 같았다. 딸은 아내의 묘지 앞에서 그를 설득하려고 할 것이다. 엄마가 이 땅에 있는데, 어디로 떠날 생각이냐는 식으로, 그게 마치 엄청난 배신인 것처럼 말이다. 그는 알았다고, 한 달 뒤에 보자고 말하고 전화를 끊었다.

딸의 얼굴 사진이 걸려 있던 홀로그램이 사라지자 CG-124의 모습이 온전히 드러났다. 하얗게 빛나는 로봇의 눈이 부담스러웠다. 아무런 역할도 하지 못하는 코와 입의 모양이 부담스러웠다. 자신을 내려다보는 로봇의 그 시선이 부담스러웠다. 그는 로봇이 자신의 시야에서 사라지길 원했다. 하지만 로봇은 그의 감정을 알지 못했다. 말해야만 알 테니까. 그건 로봇과 인간의 차이가 아니라, 너무 구형 모델인 탓이었다. 충동구매였어. 그는 자신의 선택을 후회했다. 당장이라도 로봇의 전원을 끄고 싶었다. 하지만 끄고 나면? 누가 이걸 치울 수 있단 말일까? 물론 이렇게 명령하면 될 것이다. 창고에 들어가서, 네 전원을 끄고 대기해. 그러면 로봇은 그의 말대로 할 것이다. 하지만 창고에 박아놓는다 해도, 그는 잊어버리지 않을 것이다. 그는 저 멀리, 가장 소중한 기억들을 하나 둘 잃어버리고 있었지만 최근의 기억들, 지루하고 보잘 것 없는 기억들은 쉽게 잊어버리지 않고 있었다.

그는 로봇을 자신의 앞에서 치우기 위해서 아무것이나 하라고 말했지만, 로봇은 그가 자신에게 임무를 특정지어주길 원했다. 로봇의 어깨 너머로 부엌이 보였다. 그 순간 떠올린 건 설거지였다.

"그래, 설거지나 해."

말하고 나서 그는 자신이 실수했음을 알았다. 로봇은 설거지할 거리를 찾지 못할 것이다. 설거지를 도맡아하는 기계가 따로 있었으니까 말이다. 그리고 이미 설거지는 깔끔하게 되어 있었고 말이다. 하지만 로봇은 등을 돌리고 부엌으로 향하고 있었다. 삐걱, 삐걱. 로봇이 걸음을 옮길 때마다 삐걱거리는 소리가 그의 귀를 거슬리게 만들었다. CG-124가 사라지자, 이번엔 인공지능이 그의 눈앞에 나타났다. 하우스 키핑 인공지능이 팝업창을 띄워 그에게 질문한 것이다.

-새로운 제품을 시스템과 연결하시겠습니까?

차라리 그러는 것이 나을 지도 모른다. 인공지능은 그보다도 로봇을 더 잘 사용할 수 있을 것이다. 아니, 어쩌면 불필요하다고 여겨 창고에 박아놓을 지도 모른다. 그렇다면 모든 게 해결되리라. 그때 무엇인가가 깨지는 소리가 부엌에서 날카롭게 들려왔다. 오랜만에 들어보는 소리였다. 그는 부엌에 서있는 로봇이 어떤 모습을 보이고 있을 지 궁금했다. 로봇도 당황할까?

아내는 로봇을 믿지 못하는 부류의 사람이었다. 물론 그 시기에 나온 제품들은 대부분이 프로토타입이었고, 아내의 믿음은 꽤 신빙성이 있었다. 하지만 그가 집에 구비한 제품들은 모두 그 당시엔 최신형의, 최고의 제품들이었다. 구체적인 자료들이 그의 주장을 뒷받침해주었다. 아내는 그 모든 자료를 믿지 않았다. 상품을 팔아먹기 위한 부풀리기에 불과하다는 것이 아내의 결론이었다. 그래서 그는 아내가 살아있을 때 훌륭한 가전제품들을 보유하고 있음에도 직접 움직여 모든 것을 해야 했다. 아내가 설거지를 하면 그가 요리를 했고, 아내가 요리를 하면 그가 설거지를 하곤 했다. 아내가 2층을 청소하면, 그는 빨래를 하고 했다.

그건 지금 와서 떠올려보면 즐거운 일이었지만, 당시에는 그렇게 즐거워하지 못했다. 모든 것을 기계가 할 수 있는데 왜 늙은 몸을 움직여야 하는 걸까. 피곤함을 덜기 위해 산 물건들이었는데, 그렇게 설계를 해놓은 건데. 그가 후회하는 일 중의 하나였다. 그때의 순간들로 돌아갈 수 있다면, 그는 웃으며 기꺼이 할 것이었다. 아내에게 몇 마디 말이라도 더 덧붙였을 것이다. 퉁명스럽게 대답하지 않았을 것이다. 아내의 음식의 간이 맞지 않는다고 투정부리지 않았을 것이다. 하지만 아내는 떠났고, 아직도 인간들은 타임머신을 개발해내지 못했다.

거실에 앉아 졸고 있던 그를 깨운 건 부엌에서 날카롭게 무엇인가가 깨지는 소리였다. 그는 놀라 부엌으로 달려갔다. 아내가 바닥에 쓰러져 있었고, 바닥 주위로 하얀 접시의 깨진 조각들이 아무렇게나 흩어져 있었다. 그 날, 그는 병원에서 아내가 루게릭병에 걸렸음을 알았다. 그것도 너무 늦게. 얼마 남지 않았다고 말이다. 아내는 별 일 아니라고, 괜찮다며 입원을 거부하고 집으로 돌아왔다. 괜찮다고 말이다. 나는 괜찮아. 진짜 괜찮다니까.

하지만 아내에게 마비는 빠르게 찾아왔다. 아내가 접시를 깨먹는 횟수가 많아졌다. 그는 아내에게 제발 앉아 있으라고 애원해야 했지만 그가 잠시 다른 곳으로 시선을 옮기면, 아내는 자리에서 일어나 부엌으로 향했다. 그리고 그 날, 깨지는 소리가 들려왔을 때 그는 참을 수 없는 피로를 느끼며 부엌으로 향했다. 그러지 말았어야 했는데.

아내는 바닥에 주저앉아 있었다. 한없이 떨리는 몸을 어찌할 줄 모르며. 바닥에 피가 흥건했다. 그는 화를 참지 못하고 소리를 질렀다. 제발, 제발 그만해! 아내는 울고 있었다. 하지만 그는 아내를 위로해주지 않았다. 그리고 2년 뒤, 아내는 이 집에서 세상을 떠났다. 아내가 누워있는 관이 땅에 닿았다. 인부들이 흙을 퍼 아내의 관을 덮었다. 흙이 아내의 관을 때리는 소리가 들렸다. 쨍그랑, 그릇이 깨지는 소리와 함께. 벌써 30년 전의 이야기였다. 아내가 떠난 지 30년, 그는 여전히 이 집에서 혼자 살고 있었다.

그는 자리에서 몸을 일으켰다. 걷는 것조차 고통이었다. 그의 무릎은 이제 40키로도 나가지 않는 그의 몸을 지탱하지 못할 정도로 낡아 있었다. 그나마 인공 연골을 넣어 놓은 덕에 일어서 걸을 수는 있는 거였다. 인간은 절대로 영생에 도달하지 못할 것이다. 이 비루한 육체를 가지고는 말이다. 유일한 대안은 로봇의 몸이지만…. 로봇은 바닥에 떨어진 그릇 조각을 맨손으로 쓸어 담다가, 인기척을 느끼고 고개를 들었다. 로봇의 팔이 한 번 더 움직이며, 끼익 거리는 소리를 냈다. 로봇도 정답은 될 수 없었다. 영화와 달리.

만약 로봇이 당황할 수 있다면, 지금 저 얼굴이 당황한 표정이 아닐까. 로봇은 마치 고장 난 듯이 아무 말도 하지 않고 있었다. 1초, 2초, 3초. 그리고 로봇이 입을 열었다.

"시키실 일이 있으신가요?"

예전의 그였다면 로봇에게 가만히 있으라고 말했을 것이다. 그럼 로봇은 가만히 있었을 것이다. 하지만 지금 로봇은 아까와는 조금 달라 보였다. 어쩌면 살아 있다는 건 저런 것이 아닐까. 무엇인가를 깨트리고, 소리를 내고, 움직이는 것. 이 집에 30년 동안 부족했던 바로 그것들 말이다. 그 날, 잠들기 전 그는 인공지능 시스템을 손봤다. 인공지능 시스템에서 설거지 기계와 세탁기, 로봇 청소기의 연결을 껐다. 로봇은 그가 소파에 앉아 눈으로 화면을 응시하며 그 일을 하는 것을 가만히 바라보고 있었다.

그는 CG-124의 부축을 받아 침실로 향했다. 침대에 누워 잠을 청하며, 그는 어쩌면 로봇을 산 것이 나쁘지 않은 선택이었을지도 모른다고 생각했다. 하지만 다음 날, 아침 그는 그 생각을 유보할 수밖에 없었다. 나가라는 명령을 듣지 못한 CG-124가 그가 눈을 뜰 때까지 그의 곁에 서있었던 탓 때문이었다. 눈을 뜬 그는 CG-124가 자신을 바라보고 있는 모습에 놀라 그만 심장이 멎을 뻔했다. CG-124가 직접 그를 편안히 우주선에 실어줄 뻔 했던 것이다.

4

딸이 그를 데리러 왔다. 딸은 그의 옆에 서있는 CG-124를 보고 놀란 듯했다.

"언제 로봇을 샀어? 사도 왜 이런 걸 샀대. 제대로 작동은 하는 거야?"

그는 CG-124가 엉성한 움직임으로 깨트려놓아 엉망이 되어 있는 거실을 보여주고 싶지 않았기에 얼른 가자며 딸을 현관 밖으로 다시 내몰았다.

"로봇아, 가자."

"로봇도 데려간다고? 왜?"

"네 엄마 보여주려고 그런다."

딸은 기가 찬다는 반응이었지만 그는 끝내 CG-124를 차에 태웠다. 딸은 투덜거리며 운전석에 앉았다. 그가 벨트를 매자마자 딸이 차를 거칠게 출발시켰다. 덜컹, 거리며 차가 앞으로 나아가기 시작했다.

"왜 운전을 네가 하냐. 오토로 돌려. 난 네 운전실력 못 믿는다."

"매년 내 차 타고 갔으면서 또 그러네. 그만 좀 해요."

차가 다시 한 번 덜컹거렸다. 그와 함께 뒷좌석에 앉은 CG-124는 누가 시키지도 않았는데 조용히 안전벨트를 맸다.

"아빠, 정말 갈 거야?"

"…고민 중이다."

"아빠가 죽은 뒤에도 간다고 하면 나는 말릴 맘은 없어요. 아니, 그럴 권한도 없고. 하지만 죽기 전은, 그건 문제가 된단 말이야. 그건 자살이잖아."

그는 대답하지 않고 창으로 고개를 돌렸다. 반투명한 창에 CG-124의 멍한 얼굴이 비쳤다. 해골이 옆자리에 앉아 있는 기분이었다. 자신이 해골이 된다면 아마 CG-124처럼 생기지 않았을까.

"아빠가 죽음을 선택한다는 걸 생각해봤어. 그건 어떤 의미일까. 단지 곧 찾아올 죽음을 기다리는 것이 지겨워져서일까? 자신의 생명을 선택할 수 있는 타당한 권리일까? 아니면 혹시 땅에 묻히기 위해서, 단지 그 이유를 위해서 죽음을 선택하려는 건 아닐까. 잘 생각해봐요."

그는 딸의 질문에 대답하지 않았다.

한참을 달려서 도착한 곳은 한적한 산이었다. 산을 오르는 것은 그에게도 벅찬 일이었지만, CG-124에게는 더욱 벅찬 일이었던 모양이었다. 산악용으로 만들어진 것은 당연히 아니었으니, 그 뻣뻣한 로봇의 관절이 울퉁불퉁하고 경사진 땅을 오르는 것은 애초에 개발할 때 고려사항에도 없었을 테니까 말이다. 이번에 딸은 그도 그였지만, CG-124를 기다리느라 오랜 시간을 보내야 했다.

그는 매번 무덤 앞에 설 때마다 숨이 막혀왔다. 저 솟아오른 무더기 아래에 아내가 묻혀 있다는 사실이 믿겨지지 않았기 때문이다. 그렇기 때문에 저 무더기 앞에서 술을 따르는 행위가 꼭 우상숭배 같았다. 미신 같기도 했다. 나의 아내는 저런 흙무더기가 아니었는데. 하지만 그의 아내는 분명 저 흙무더기 밑에 묻혀 있었다. 그가 봤기 때문이다. 아내의 백골이 저 무더기 밑에 있을 것이다. 떠나기 전보다 더 작아진 몸집으로. 그리고 억겁의 시간이 흐른 끝에, 아내의 백골마저도 흙이 되는 순간이 올 것이다. 그 흙은 나무 관에 쌓여 있다가, 나무마저 흙이 되는 그 순간에 비로소 아내는 땅으로 돌아갈 것이다. 아마, 그쯤이면 시간이 맞을지도 모른다. 100년. 그가 A항성에 도착해 땅에 묻힐 시간과 말이다.

아내의 무덤 옆에 아들의 무덤이 있었다. 하지만 아들의 무덤 속의 관에는 아들이 누워 있지 않았다. 그는 습관적으로 미간을 찌푸렸다. 기억하고 싶지 않은 기억을 떠올리지 않기 위함이었다. 스물 셋이었다. 고작 스물 셋이었는데. 지금으로부터 무려…그는 햇수를 세는 것을 그만두었다. 부질없는 짓이라는 것을 알기 때문이었다. 그 햇수를 세어도 돌아오지 않으니까. 아들이 교통사고로 떠났을 때, 딸은 7살이었다. 딸은 오빠의 죽음을 쉽게 이해하지 못했다. 엄마와 아빠가 울고 있는 것을 딸은 쉽게 이해하지 못했다. 망연한 채 고개를 숙이고 있던 그의 손을 딸의 작은 손이 잡았다. 그리고 그는 딸의 손을 뿌리쳤다. 그러지 말았어야 했는데. 그러나 돌릴 수 없는 일이었다.

아들이 죽고, 딸이 환경단체에 가입해 북극으로 말도 없이 떠나버렸던 것은 어쩌면 그 때문인지도 모른다고 생각했다. 10년의 연락두절 끝에 돌아오더니 그가 하던 모든 사업에 단체의 이름으로, 또는 개인의 이름으로 법적 소송을 걸어왔던 것의 모든 시작은 아마도 그가 딸의 손길을 거부했기 때문이었을 것이다. 딸은 벌써 자리에 앉아 가지고 온 술과 컵을 꺼내고 있었다. CG-124는 그런 딸의 곁에 서성이며 무엇이라도 도와드릴 게 있냐고 끈질기게 묻고 있었다.

그는 아들의 무덤 옆에 놓인 자리를 보았다. 텅 빈 자리, 내 무덤이 들어섰어야 할 자리. 내가 누웠어야 할 자리. 15년 전에 죽었어야 했을까. 법이 바뀌기 전에 죽었더라면, 아내의 옆에, 아들의 옆에 묻힐 수 있었다. 그러나 그는 죽지 못했다. 죽음은 언제나 그를 피해갔다. 마치 그를 싫어하는 것처럼. 삶이란 어쩌면 죽음과의 끝없는 싸움일 지도 모른다. 죽고자 하는 인간과, 그것을 허락하지 않는 죽음 사이의 끝없는 다툼 말이다.

그리고 그 다툼은 이제 끝날 것이다. 내겐 근사한 무덤이 준비되어 있었다. 근사한 죽음도 내 손에 있었다. 내가 선택할 수 있었다. 그토록 바라던 죽음을. 하지만 그 순간, 모든 것이 망설여지기 시작했다. 모든 것이 무의미해보였다. 땅에 묻히는 것이 그렇게 중요할까. 딸이 그에게 잔을 건넸다. 그는 잔을 받아들고, 아내의 무덤에 한 번 흩뿌렸다. 그리고 다시 한 잔을, 아들의 무덤에 뿌렸다.

"5년 뒤에도 내가 살아있을 것 같니?"

집으로 돌아가는 차안에서 그가 물었다. 딸이 고민하는 사이에 CG-124가 대답했다.

"주인님의 연세를 미루어보면 그건 매우 희박—."

딸이 CG-124의 말을 뺏었다.

"아빠라면 충분히 살아 있을 걸."

그는 신음했다

"두려워?"

두려웠다. 그렇지만 무엇이? 5년 뒤에도 살아 있는 것이 두려울까, 아니면 5년이 오기 전에 죽는 것이 두려울까. 5년 후에, 우주선에서 죽음을 맞이해야 한다는 사실이 두려운 걸까. 어쩌면 그 모든 것이 두려울

지도 몰랐다. 살아있는 것도, 죽는 것도 모두 두려운 일이었다. 그는 자신이 무엇을 원하는지, 스스로도 알지 못했다. 그래서 그는 대답하지 않았다.

차는 질서정연하게 깔린 도로를 달려 집에 도착했다. 그가 소파에 앉았을 때, 딸은 능숙하게 CG-124의 가슴팍을 눌러 번호입력 화면을 띄웠다. 띡, 띡, 띡, 띡. 번호를 입력하는 소리가 거실을 울렸다.

"로봇한테 내 번호 입력해놨어. 무슨 일 생기면 나한테 전화하라고 말이야."

"무슨 일 생기기를 바라는 건 아니지?"

"아빠는 그러길 바랄 지도 모르겠네."

딸이 비아냥거렸고, 그는 문득 딸의 비아냥거리는 소리가 꽤 그리워질 것 같다는 생각을 했다. 너무 많이 걸은 날이었기에 그는 자신에게 피로가 몰려오는 것을 느꼈다.

"푹 쉬고."

그는 중력에 굴복하려 하는 자신의 눈꺼풀과 사투하며 딸을 배웅하려고 노력했다. 딸은 그런 그를 여러 가지 감정이 섞인 시선으로 바라보다가, 다음 주에도 오겠다고 말하고 떠났다. 현관문이 닫히는 소리를 듣고, 그는 겨우 버티고 있던 눈꺼풀의 무게에 함락 당했다. 점점 의식이 멀어지며, 그는 이대로 검은 세상 속에서 영원히 잠드는 상상을 했다. 어둠이 그를 포근한 이불이 되어 덮었다. 너무나 편안해서, 그대로 영원히 눈을 감고 싶은 기분이었다. 하지만 이내 꿈이 그의 편안함을 방해했다. 꿈. 그는 오랜만에 꿈을 꾸었다. 꿈속에서 그는 젊은 시절의 아내를 보았고, 편안하게 웃는 아들을 보았으며, 무너진 블록 장난감 옆에서 세상을 잃은 것처럼 울어대는 어린 딸을 보았다. 꿈은 멈추지 않았다. 아들의 자동차처럼. 그가 스물 셋 생일 선물로 사준 차를 타고 아들은 해안도로를 빠르게 달렸다. 커브 길에서 차는 미끄러졌고, 가드레일을 세 차례 부딪혔다. 반파 된 차 속에서 건져낼 수 있는 건 아무것도 없었다. 그와 아내가 응급실에서 마주한 것은 아무것도 알아볼 수 없는 존재였다. 그건 살아 있는 것이 아니었다. 아들이 화장장 안으로 들어갔다. 로비에 앉아서 번호를 바라보며, 그는 비명이 들리는 것만 같아 귀를 막았다. 하지만 귀를 뚫고 소리는 계속해서 그를 날카롭게 찔렀다. 아들의 비명이. 자신을 불태우지 말아달라는 비명이. 화장이 끝나고 나온 것은 너무나 보잘 것 없는 재 한 줌이었다.

숨이 막히는 기분에 눈을 떴다. 식은땀이 그의 뺨을 타고 줄, 줄 흘러내리고 있었다. 그는 놀라 고개를 돌렸다. CG-124가 제자리에 서서 그를 바라보고 있었다.

"도와드릴 일이 있을까요?"

"얼마나 잔 거지?"

"2시간 정도 잠드셨었습니다."

"물 좀 주겠나."

CG-124가 가져다 준 미지근한 물이 그를 조금 진정시켰다. CG-124는 계속해서 그를 유심히 살피고 있었다. 처음엔 부담스럽던 그 눈이, 공허하다고 생각했던 그 불빛에 지금 그는 의지하고 있었다.

"너는 살아 있을까?"

CG-124는 그의 질문을 이해하지 못했기에, 다시 되물었다.

"질문을 이해하지 못했습니다."

"너는 나처럼 살아 있는 존재냐고."

"저는 주인님처럼 생체적인 무엇인가를 가지고 있지 않습니다."

"하지만 너는 생각은 할 수 있지."

"그렇게 프로그래밍이 되어 있습니다."

"그리고 네 몸도 오랜 시간이 지나면 낡을 수밖에 없지."

"그렇습니다."

"그렇다는 건 너도 유한한 존재라는 거지."

"맞습니다."

"유한하다는 건, 그 끝에 죽음이 있다는 거야. 너도 작동을 멈추는 날이 오겠지. 영원히. 다시는 복구 될 수 없게 될 거야."

"그렇습니다."

"그때가 되면 기분이 어떨 것 같아?"

CG-124는 대답하지 않았다. CG-124는 두 가지 논리체계가 부딪혀 간단한 오류가 났기 때문이다. 주인의 말에 대답을 해야 한다는 논리와, 자신이 알 수 없는 이야기에 대한 답변을 어떻게 해야 할 지에 대한 논리가 부딪힌 것이다. 보통은 잘 모르겠습니다, 다시 질문해주시겠습니까, 라고 대답하도록 프로그래밍이 되어 있었지만 이 두 논리에 대한 프로토콜이 동시에 이루어지다보니 스턱 현상이 생겨버린 것이었다. 그런 CG-124의 모습을 보고 그는 CG-124가 당황했다고 생각했다. 로봇에게서 표정을 읽는 것만큼 어리석은 일은 없겠지만, 그는 누구보다 인간적인 사람이었으니까. 사물에 인간의 심리를 투영하는 것은 인간이 가진 이기적인 본성이었다.

"생각해봐. 대답할 수 있게 되면 그때 답해줘."

그의 말은 CG-124에게 내린 저주를—버그를—푸는 마법주문이었다. 그는 CG-124에게 부축을 받아 침실로 향했다. 침실에 누워서, 그는 CG-124보고 거실로 나가 있으라는 명령을 잊지 않았다. 적어도 그는 편안한 상태에서 죽고 싶었지, 아침마다 CG-124의 해골 같은 얼굴을 보며 저승사자가 찾아왔다고 착각하다가 죽고 싶진 않았기 때문이었다. CG-124는 그의 충실한 로봇이었기에, 삐걱거리는 소리가 나는 목 관절을 한껏 꺾으며 목례하고는 자리를 떠났다.

5

D는 대학병원 12층의 중환자실 캡슐에 있었다. 원래 보호자가 아니면 면회가 불가능했지만, 그는 B와 동행하고 있었기에 D를 만날 수 있었다. D의 보호자는 현재 B의 이름으로 되어 있었기 때문이었다. 처음엔 B와 D가 친족 관계인 것일 수도 있겠다는 생각을 했지만, B는 병원으로 향하는 차안에서 그에게 D와의 관계에 대해 자세히 설명했다. D의 가족은 D 가 111세를 사는 세월 동안 모두 먼저 떠나버렸다고. 그래서 D에겐 친인척이 한 명도 없다고 말이다. 대신 D는 정신을 잃기 전 S기업에 자신의 신체를 포함한 모든 것을 양도했다고 했다. A항성으로 떠나는 우주선에 탑승할 백 명을, 아니 이미 이 세상을 떠난 죽은 사람들 98명과 살아 있는 2명의 관리책임자를 맡고 있는 B는 당연히 D가 정신을 잃고 병원에 온 뒤로 계속해서 D를 보호하고 있는 보호자의 역할을 맡아야 했던 것이다.

B는 직접 차를 몰았다. 그는 그런 B가 신기했다. 요즘 젊은 사람들은 차를 직접 몰지 않았다. 이제 모든 사람들이 자동차의 자율주행 장치를 전적으로 신뢰했기 때문이다. 오히려 사람이 직접 차를 몰 때에만 사고가 나는 바람에, 의회에선 사람이 직접 운전을 하지 못하도록 만드는 법안이 검토되기까지 했으니까.

"제 일이 선생님 같은 분들을 모시는 일이다 보니까요."

선생님 같은 분, 이라는 단어가 마치 자신을 늙은이 취급하는 것 같았지만 기분 나빠하기에는 사실에 기반하고 있는 말이었다. 그는 여전히 자율주행 자동차를 완전히는 믿지 못하는 사람이었다. B가 지금까지 상대한 사람들도 모두 그와 같을 거였다. 100년이 넘는 세월을 살아온 사람들, 아날로그와 디지털, 그리고 인공지능의 시대를 모두 걸쳐 있는 사람들. 하지만 아날로그에서 디지털의 시대에 머문, 아날로그와 디지털의 마지막 세대이자 그림자였으니까.

B는 운전을 부드럽게 잘 하고 있었다. 자율주행 자동차는 차를 타고 있다기 보단 움직이는 요람을 타고 있는 기분이라면, 누군가가 직접 운전하는 자동차는 옛날에 타던 차의 느낌이 났다. 물론 그의 딸이 운전을 하면 그는 언제나 손잡이를 찾았지만 말이다

"그 분은 어쩌다가 병원에 누워 있게 된 거요?"

"3년 전에 뇌졸중으로 정신을 잃으셨고, 11시간에 걸친 수술은 성공적으로 끝났지만 의식을 되찾지 못했습니다."

"그럼 그 분은 언제부터 자신의 모든 것을 S기업에 맡긴 거요?"

"처음 투자하셨을 때부터였습니다. D 선생님은 오히려 저희에게 서류를 내밀고 사인하기를 바라셨어요. 자신이 죽는 순간 전 재산을 줄 테니까, 그때까지 자신을 보살펴달라는 것이 D 선생님의 이야기였죠. 저희로서는 그 투자금을 놓칠 수 없었고, 법적으로도 문제가 없었으니까요."

B는 운전대를 잡고 전방을 주시하면서 말했다

"그때 제가 신입이었거든요. 회사에서 D 선생님에게 저를 붙여줬어요. 초짜인 저 때문에 D 선생님이 불편하신 적이 많았죠. 그때 운전도 처음 배웠습니다."

B는 잠시 침묵했다. 그 찰나의 순간에, 그는 B의 입가가 조금 굳어 있음을 캐치했다.

"그 날 제가 일이 바쁘지만 않았더라면, 조금만 일찍 전화를 드렸더라면 지금 D 선생님은 깨어 계실 수도 있겠죠."

"당신 탓이 아니오. 나이 든 사람들은 죽음의 그림자를 덮고 자고, 일어나는 것이니까."

B가 그를 향해 고개를 돌리고는 미소 지었다. 하지만 그 미소는 조금 피로해보였다.

"D 선생님을 왜 만나고 싶으신 건가요?"

마음속의 결정을 내리기 위해서였다. 두려움을 이겨내기 위해서. 자신이 혼자라는 사실이 아니라는 걸 알기 위해서였다. 그는 D가 병원에 있다는 이야기를 들었을 때 희망이 한 꺼풀 꺾이는 기분을 느꼈지만, 그래도 아직 몇 가닥의 희망은 남아 있음을 알았다. 노인들이 병원에서 생을 마감하는 것이야 그리 이상한 일은 아니었으니까. 노인들에게 병원은 노년에 가게 되는 또 다른 집이었다. 노인들에겐 몇 가지 길이 있었다. 그 길들의 끝에는 병원, 요양원, 집이 있었다. 이 모든 곳에는 하나의 공통점이 있었다. 죽음 말이다. 그러니까 그는 D가 적어도 대화가 가능할 거라고 생각했다. 하지만 D는 의식을 잃고 중환자실에 있었다. 1인실의 캡슐에 누워서 생을 연명하고 있었다. 이미 죽은 것일지도 모르는 상태로. 그 상태는 과연 살아 있는 거라고 할 수 있을까? 그는 확신할 수 없었다. 이제 모든 것이 혼란스러웠다. 그는 후회하고 있었다. D를 만나러 가는 것을. B의 차에 올라탄 것을.

그가 대답하지 않았기에, B가 어색한 침묵을 깨기 위해 입을 떼기 시작했다.

“처음에 저는 이 프로젝트에 대해 반신반의했습니다. 저희 세대에게 매장이라는 것은 구시대의 유물도 아니고, 이젠 완전히 사라져버린 문화의 하나였으니까요. 매장이 왜 안 되는지에 대해서 우리 세대는 수많은 이야기들을 들어왔습니다. 이 지구에는 이제 낭비되어서는 안 될 땅들이 존재한다는 걸요. 설령 사람을 묻는 것이라도요. 아니, 오히려 그 일이야말로 너무나 무의미한 일이라는 것을요. 개발이 가능한 토지는 건물을 올려야 하기 때문에, 그린벨트로 보존되어야 할 땅은 오염되지 않게 하기 위해서. 20년 전 마지막 공동묘지가 세워졌고, 그 공동묘지에 마련된 100개의 자리에 대한 신청은 온라인상에서 10초 만에 끝났죠. 그 날, 저희 프로젝트에 수많은 문의전화가 폭주했습니다. 그때까지도 전 이해하지 못했어요. 왜? 왜 그렇게 묻히는 것에 집착하는 것일까.

저희는 상징을 찾았습니다. 이 우주 사업이, 저희 기업에서 하는 이 프로젝트가 왜 특별한 것인지를 설명해야 했어요. 저희가 방점을 찍은 건 처음이라는 단어였어요. 최초의 인류. A항성으로 이주할 최초의 인류이자, 앞으로 시작될 우주 시대의 밑거름이 된다는 것에 방점을 찍었던 거죠. 불멸할 수 있는 거니까요. 영원히 인류 역사에 기록될 수 있으니까요. 그렇게 이름을 남기면, 죽지 않을 수 있으니까요. 그래요, 저희는 불멸을 이야기했던 겁니다. 하지만 사람들은 다른 이유에서 저희 프로젝트에 투자했어요. 사람들은 죽음을 이야기했습니다. 죽음, 그 죽음 뒤를 말이에요. 땅에 묻히겠다는 것.

D 선생님은 제게 말하곤 했습니다. 이 지겨운 삶을 견뎌온 이유는 오로지 죽음 때문이었다고. 탄생은 자신의 영역이 아니었지만 죽음은 다르다고. 태어나는 것은 자신이 선택할 수 없지만, 죽음의 방식만큼은 자신이 선택할 수 있다고요. 그런데 지금 지구에는 자신의 육신 하나가 묻

힐 공간이 없어졌다고. 100년이 넘는 시간을 살아오며 쌓인 피로를 푸는 것은, 자신의 육신을 태워 재가 되게 만드는 것이 아니라 아늑한 땅 속에서 그 억겁의 피로를 풀 수 있는 시간 속에 두어야 한다고요. 시간이 우리를 피로하게 만들었으니, 시간이 우리를 피로에서 해방시켜줘야 한다고요. 솔직히 말씀드리면 미신을 믿으시는 것만 같았어요. 하지만 그 이야기를 하시는 동안만큼 D 선생님의 얼굴은 그 어느 때보다 평온했어요. D 선생님도 3년 전까지, 선생님과 같은 걱정을 하셨습니다. D 선생님은 자신을 이 지구에 두고 가는 것을 두려워했어요. 그게 죽음보다도 더 큰 두려움인 것처럼. 어쩌면 선생님은 쓰러지기 직전에 웃고 계셨을 지도 모르겠어요."

B의 검지가 운전대를 툭, 툭 불안한 듯이 치고 있었다.

완전히 폐쇄된 1인 독실 안에서 D는 투명한 캡슐에 누워 있었다. 평온하게 눈을 감은 채로, 고른 숨을 내쉬며. D는 지금 어떤 꿈을 꾸고 있을까. 어쩌면 D는 이미 죽은 것일지도 모른다. 그저 육체만 남아있는 것일지도 모른다. 그의 의식은 이미 A항성으로 떠났을 지도 모른다. 아니, D라는 존재는 이미 이 세상에서 사라졌을 지도 모른다. 그렇다면 지금 그의 눈앞에 누워 있는 저 존재는 누구일까. 어쩌면 죽음은 두 가지 방법으로 찾아오는 것인지도 모른다. 먼저 의식이 사라진다. 그리고 의식이 사라진 육신이 이 세상에서 소멸하는 그 순간이, 완전한 죽음일 지도 모른다. 그렇다면 D의 완전한 죽음은 언제 이루어질까. 평온한 휴식 속에서 D는 100년이란 시간을 우주를 여행하며 보낼 것이다. 그리고 A항성의 땅에 마련된 흙에서 잠들겠지. 그 항성의 흙은 지구와는 조금 다를 지도 모른다. 지구의 흙보다 조금 더 거칠 수도, 혹은 더 부드러울 수도 있겠지. 로봇들이 흙을 모두 파낸다. 깊숙이, 아주 깊숙이. 아늑해 보이는 그 공간으로 D가 누워있는 캡슐이 내려진다. 천천히, 아주 천천히.

캡슐이 땅에 바로 놓인다. 캡슐에 누워 있는 건 D가 아니라 그였다. 그는 캡슐에 누워, 평온한 얼굴로 죽음을 기다리고 있었다. 아주 천천히 찾아올 완전한 죽음을. 캡슐의 유리에 빛이 반사되며 또 다른 얼굴들이 드리웠다. 그 얼굴은 딸의 얼굴이었다가 손자의 얼굴이 되었고, 아들의 얼굴이 되었다가, 아내의 얼굴이 되었다. 그리고 CG-124의 얼굴이 나타났다. 왜 지금 이 시기에 CG-124의 로봇 얼굴이 떠오른단 말인가? 그 의문을 느끼고 있던 때 캡슐 유리에 또 다른 얼굴이 비추어졌다. B였다. 그는 다시 캡슐을 들여다보았다. 캡슐 안에 누워 있는 건 그가 아니라 D였다.

집에 돌아온 그를 CG-124가 맞았다. 피곤한 하루였다. 사람은 피곤을 잠으로 해소한다. 하지만 잠으로는 피곤을 모두 해소할 수 없었다. 살아있다는 것은 언제나 잠을 방해하니까. 인간은 살아있다는 사실만으로 피로를 짊어져야 했다. 구체적인 기억이 날아가도, 피로는 몸에 남아 있었다. 그 무게가 사람을 짓누른다. 나이가 들수록 허리가 굽는 것은, 무릎이 견디질 못하는 것은 모두 그 때문이다. 늙는다는 것은, 죽음을 향해 다가간다는 것은 그런 것이다.

CG-124는 그가 시키지도 않았음에도 미지근한 물을 가지고 왔다. CG-124는 이제 그가 시키지 않아도, 말 하지 않아도 많은 것을 도맡아 하고 있었다. 인공지능이 할 때만큼 완벽하진 않아도. 그는 이 완벽하지 않음이 그리웠다. 그 그리움을 CG-124가 어느 정도 해소시켜주고 있었다.

"저번에 질문했던 거 대답은 생각해봤어?"

"저는 기분을 느끼지 못합니다. 작동이 멈춘다면 그대로 모든 신호가 끊기게 될 테니까요."

홈쇼핑 호스트의 말은 틀렸다. CG-124는 말동무를 하기엔 너무 정직했다. 그래서 창고에 10년 가까이 박혀 있다가 재고처리를 하듯이 홈쇼핑으로 나왔던 것이리라. CG-123은 어땠을까. 122는, 121은. 만약 그가 주문을 조금 더 늦게 했다면 그에겐 어떤 로봇이 왔을까. 그래도 모든 것이 똑같았을지 모른다. 기성품이니까.

"내가 없어도 너는 잘 지낼 수 있을까?"

"주인님이 돌아오실 때까지 대기합니다."

"내가 영원히 돌아올 수 없다면?"

"양도하시지 않는 이상, 언제나 대기하고 있을 겁니다."

"내가 사라진다는 게 어떤 의미인지 모르지?"

"죽음을 의미하시는 걸로 압니다. 주인을 양도하는 것은 간단한 절차로 가능합니다. 우선 제 뒷부분에 있는 리셋 버튼을 꾹 누르고—"

그가 손을 들어 CG-124의 말을 멈췄다. 아니, 너무 의미 부여했던 걸지도 모른다. 얘는 그냥 로봇인 거다. 도대체 왜 얘의 모습이 캡슐 위에 떠올랐는지. 그는 고개를 저었고, CG-124는 그런 그를 평소의 그 멍청한 표정으로 바라보고 있었다.

6

B가 D가 죽었다는 소식을 전한 건 A항성으로 출발하기 1년이 남은 가을이었다. 먼지가 섞여 회색빛이 도는 가을비가 내리는 날이었다. 장

례식장에는 그와 B, 그리고 S기업 사람들 몇 명과 장례식장 직원들뿐이었다. 오래 산다는 것이 어떤 것인지, 세월 속에서 살아남는다는 것이 축복이 아님을 보여주는 것만 같았다. 가족을 먼저 떠나보낸다는 것이 어떤 건지 그는 알았다. 친구들이 먼저 떠나는 것의 기분을 알았다. 하지만 모든 가족이 떠나고, 친구들도 모두 떠난 뒤에 혼자만 이 세상에 남게 된다는 것을 그는 알지 못했다. D는 혼자 남았다. D가 S기업의 프로젝트 광고를 본 건 어쩌면 그 날이 아니었을까. 이 세상에 혼자 남게 되었음을 알게 된 날, 광고를 보게 되었을 지도 모른다. 그처럼. 만약 D와 대화를 나눌 기회가 있었다면, 그와 D는 어쩌면 친밀한 관계가 되었을 지도 모른다는 생각이 들었다.

B는 이틀 내내 식장을 지켰다. 모든 식의 절차가 끝나면, D의 시신은 S 기업에서 가져가기로 되어 있었다. S 기업은 그 시신을 냉동장치에 넣어 잘 보관할 것이다.

식이 모두 끝난 뒤, B가 그에게 다가왔다. B는 평소보다는 조금 더 헝클어진 모습이었다. B는 꽤 피로해보였다. 정신적으로도, 그리고 신체적으로도.

"선생님, 혹시 결정하셨습니까."

그는 대답하지 않고, 처마 아래로 떨어지는 빗방울의 모양새를 가늠했다.

"예전에 결정은 했소. 다만 겁이 좀 났을 뿐이지. 그래서 망설였을 뿐일세."

침묵 끝에 그가 말했다.

"죽음이 두렵지는 않았소. 나는 충분히 살았으니까. 삶의 기쁨, 살아있기에 가능한 것들에 미련이 남은 것도 아니었소. 이미 충분히 즐겼고,

또 그로 인해 충분히 고통 받았으니까. 다만 이별이 조금 두려웠소. D 선생도 아마 두려웠을 거요. D 선생이 쓰러질 때 웃었을 거라고 그때 말했잖소. 난 그렇게 생각하지 않소. D 선생은 아마 그 순간 두려웠을 거요. 당신과 이별할 준비를 못 했을 테니까."

B는 그에게서 고개를 돌렸다.

"나에겐 D 선생보다도 더 많은 이별을 해야 할 인연들이 있소. 그들과 이별을 제대로 할 수 있을까? 아직도 난 딸 과 이 문제로 싸우고 있다네. 손자도 눈에 밟히고. B, 자네라는 좋은 사람도 있고. 그리고 고철 덩어리에 뭔가를 부서대긴 하지만 로봇도 있고. 그들과 과연 이별을 할 수 있을까? 내가 이별을 하는 것과 마찬가지로, 남겨진 사람들은 그것을 받아들일 수 있을까. 하지만 생각해보면 모든 죽음은 마찬가지니까."

B가 고개를 주억거리며 입을 열었다.

"저도 잘 압니다. 수십 명의 사람들을 보내야 했습니다. 그게 제가 맡은 일이었으니까요."

"자네에겐 미안하게 됐구려."

"아닙니다, 그 대신 제 삶의 가장 중요한 걸 얻었으니까요."

B가 잠시 뜸을 들이다, 미소를 지어보이며 말했다.

"월급 말입니다."

그와 B가 함께 웃었다. 웃음이 멈추자, 빗소리만 침묵 속에서 홀로 선명했다.

"타겠소. 그 날까지 살아있다면, 그래도 타겠소."

B는 눈을 꾹 감았다가 천천히 떴다.

"알겠습니다."

"그 전날까지 안 죽으면 연락하겠소."

B가 그에게 말했다.

"댁까지 모셔다드리겠습니다."

"괜찮소, 일행이 있어서."

CG-124가 그의 곁에 다가와 우산을 펼쳤다.

집에 돌아온 그는 딸에게 전화를 걸었다. 여보세요, 응, 아빠. 무슨 일이에요? 1년 뒤에, A항성으로 갈 거야. 딸은 침묵했다. 전화가 끊어진 것처럼. 하지만 전화는 끊어져 있지 않았다. 꽤 오랜 시간 뒤에, 복잡한 감정이 섞인 목소리로 딸이 말했다. 알았어, 하지만 아빠를 영원히 이해하진 못할 거야. 전화가 끊어지고, 그가 중얼거렸다.

"미안하다."

7

그리고 그 날이 정말 왔다. 15년 전 프로젝트에 투자했을 때, 그리고 5년 전 전화를 받았을 때엔 상상도 하지 않았었다. 110세가 되도록 살아 있을 거라고는. 그리고 110세가 되는 해에, 그가 스스로 죽음의 날을 결정하게 될 줄은 말이다. 그런데 정말 그 날이 왔다. 죽음은 아직 문은 두드리지 않았지만, 곧 시간이 문을 두드릴 것이다. B가 오기로 한 시간까지 얼마 남지 않았다. 그는 지금껏 설렘이라고 생각해왔던 감정이 사실은 두려움이었다는 걸 알았다. 아니, 사실 이미 알고 있었다. 두려움과 설렘은 사실 동의어라는 것을. 그리고 정말 오늘이 찾아왔다. 우주선이 출발하는 날. 15년 전, 5년 전, 1년 전, 그리고 지금. 모든 것들이 실없는 장난 같게만 느껴졌다. 그의 죽음조차도.

새벽의 여명 속에 숨은 채, 그는 CG-124가 어젯밤 소파에 꺼내놓은 양복을 바라보았다. 그가 직접 고른 마지막 의상이었다. 마지막이자 영원할 의상. 그는 설레기 시작했다. 대부분의 사람들은 죽기 때문에 자신의 장례식을 볼 수 없다. 하지만 나는 장례식을 볼 수 있다. 스스로 죽음의 문을 열고 들어가는 것이다. 멋지게 차려 입고. 나의 장례식을 보기 위해 이 지구의 많은 사람들이 화면 앞에 모일 것이다. 조의를 표하는 포 소리를 대신 해 우주선 엔진이 화려하게 불을 뿜을 것이다. 그리고 내 죽음은 우주에서 이루어지겠지. 물론 그가 우주선에 산 채로 탔다는 진실은 알려지지 않을 것이었다. 그는 서류상으로 어제 죽은 사람이었다. 그렇다면 지금 그는 살아 있는 것인가 죽은 것일까. 어차피 상관은 없었다. 6시간 뒤에 그는 확실히 죽음을 맞이할 터였으니까. 이번엔 확실히 말이다. 이 죽음은 절대로 자신을 빗겨나가지 않을 것이다. 지금껏 그래왔던 것과는 다르게.

어젯밤 마지막 식사 자리에는 서류상으로 죽은 사람 한 명과 살아있는 사람 둘, 그리고 살아있는 것도 죽은 것도 아닌 로봇이 함께 했다. 식탁엔 딸도 있었고 손자도 있었고, CG-124도 있었다. 물론 CG-124는 식탁이 아니라 식탁 곁에 서있었지만. 딸은 식사 시간 내내 조용했다. 그래서 이야기를 끌어나가야 하는 건 전적으로 그의 몫이었다. 그는 한 달 분량의 이야기를 모두 쏟아내야 했다. 물론 그래도 상관없었다. 내일이 지나면, 그는 더 이상 이야기를 나누고 싶어도 하지 못할 테니까. 그는 기꺼이 체력이 허락하는 한에서 떠들었다. 손자는 딸과 그의 눈치를 번갈아보며 장단을 맞춰주었다.

식사를 마치고 딸은 그를 마지막으로 설득하려고 시도했다. 하지만 딸은 그를 설득할 수 없다는 걸 알고 있었다. 결국 딸의 이야기는 자기 자신을 설득하는 방향으로 흘러갔다. 대화 끝에 딸은 그를 비난하고 나서는 더 이상 그 이야기를 꺼내지 않았다. 그래서 식사가 끝난 후의 차를 마시며 나눈 대화는 식사 때보단 괜찮은 분위기 아래에서 이어졌다. 그는 내일이면 알지 못하게 될 딸과 손자의 미래에 대해 이야기 했고, 그런 상상을 하는 것이 꽤나 즐겁다는 사실을 아쉬움과 함께 느꼈다.

딸은 현관문을 나서다 말고 한참을 멈춰선 채 그를 바라보았다.

"내일 몇 시라고?"

"우주선이 발사되는 건 2시란다. 생중계 된다더구나."

"나는 안 볼 거야."

"그래. 그게 좋겠지."

"보고 싶을 거예요."

"항상 미안했다."

딸이 고개를 돌렸다. 괜찮은 척하려고 했지만, 딸의 목소리에는 울음이 섞여 있었다.

"차라리 이게 더 낫네. 갑자기 떠나는 게 아니니까. 이별할 시간이 있잖아."

딸은 끝내 고개를 돌려 그를 바라보지 않고 떠났다. 떠나는 딸의 뒷모습을 한참 바라보던 그를 CG-124가 불러 세웠다.

"밤바람이 찹니다."

그랬던 CG-124는 그와 마찬가지로 새벽의 여명 속에서 가만히 서있었다. 언제든지 그가 부를 때를 기다리며. 그가 떠난다면 CG-124는 영원한 침묵 속에 놓일까. 아니, CG-124는 딸이 데려갈 것이었다. 그렇게 부탁했으니까. 쓰지 않더라도 전원을 켜놓기로 약속했다. 사실 그가 가장 마음에 걸리는 것은 CG-124였다. 5년이 지났고, 그래서 이 집에서의 일이야 조금 익숙해졌지만 5년이란 세월은 그에게만 주어진 것이 아니었으니까. CG-124도 낡아가고 있었다. 그가 아니라면 누가 부품을 갈아 끼워줄까. 딸이 아무리 자신의 부탁을 들어준다고 해도, CG-124가 창고에 박힐 확률이 CG-124가 딸의 집 거실을 활개치고 다닐 확률보다 컸으니까.

그가 CG-124를 부르자, CG-124는 기다리고 있었다는 듯이 그에게 다가왔다. CG-124는 그가 양복을 입는 것을 도왔다. 2주 전에 계단에서 굴렀던 탓에 CG-124의 손가락 관절이 삐걱거렸다. CG-124의 손이 자꾸만 흔들려서 양복 단추를 채우는 데 꽤 애를 먹어야 했다. CG-124의 눈은 그의 양복에 꽂혀 있었다. 실수하지 않기 위해 애를 쓰고 있는 모습이 바보 같아서, 그는 웃음을 터트렸다.

아침 해가 서서히 거실로 들이차기 시작하며 남아 있던 어둠을 그림자의 영역으로 몰아내기 시작했다. 다행히 맑은 날이구만. 그는 만족스러웠다. 빛이 만들어내는 집의 이미지들을 마지막으로 눈에 담았다. 40년이 넘도록 산 집. 항상 밥을 먹었던 식탁, 커피를 마셨던 테이블, 열린 안방 문틈으로 보이는 침대, 그리고 그의 시선을 돌고 돌아 소파의 한 자리에 닿았다. 그 자리에는 딸이 앉았었고, 그리고 아내가 앉아 있었다. 아내가 그를 보고 웃었고, 딸은 어젯밤 그를 바라보며 슬픔과 화가 뒤섞인 표정을 지어보였다. 그 표정은 사실 웃겨서 일그러진 표정과 크게 다를 바가 없었고 말이다. 그리고 마지막으로 그의 시선이 닿은 곳에 CG-124가 서있었다. 그가 부르기를 기다리면서.

"가자."

CG-124의 부축을 받으며 그는 현관으로 향했다. 이제 B가 올 시간이었으니까. 현관 앞에 서서, 그는 다시 한 번 집을 돌아보았다. 의외로 후

련한 기분이었다. 두고 오는 것이 아니라, 모두 먼저 떠난 뒤에 마지막까지 남아 있다가 이제 드디어 홀가분하게 나 자신만을 위한 여행을 떠나게 된 것이니까.

B가 문을 두드렸다.

"선생님, 이제 출발할 시간입니다."

CG-124가 맡았던 일을 B가 이어받았다. CG-124의 표정에는 변화가 없었지만, 어정쩡하게 허공에서 멈춰있는 손이 아쉬워하고 있는 것처럼 느껴졌다.

"난 이제 떠난다. 잘 지내라."

CG-124가 대답했다.

"이제 돌아오시지 않는 건가요?"

"아마도."

"즐거운 여행 되시기를, 무사히 돌아오시기를 바랍니다. 언제나 이 자리에서 기다리겠습니다."

그는 대답하지 않고 돌아섰다. B의 차를 타러 가는 순간까지, CG-124의 시선이 그의 목덜미를 간지럽혔다. 그는 B의 차까지 가는 그 짧은 5분이란 시간 동안 돌아서고 싶은 충동을 수십 번이나 억눌러야 했다.

우주선을 발사하는 곳까지는 1시간이 걸렸다. B는 그를 위해 즐거운 이야기들을 늘어놓았다. 아예 우주선에 대한 이야기는 하지 않았다. B는 자신이 곧 결혼한다고 했고, 그가 결혼식에 와주셨으면 참 좋았을 거라고 말했다. 자신의 여자친구가 얼마나 좋은 사람인지를 지루하게 늘어놓는 B를 보면서, 그는 B가 자신을 위해 부단히 애쓰고 있다는 생각을 했다.

그는 창밖으로 보이는 풍경들을 눈에 담았다. 차가 집과 멀어질수록, 마음은 그의 생각보다 편안해지고 있었다. 그는 모든 풍경을 눈에 담고 싶었다. 기억에 남기고 싶었다. 창밖의 스쳐지나가는 풍경들을 바라보며, 그는 CG-124가 자신을 기다리는 모습을 그려보았다. 남겨진다는 것은 그런 것일 지도 모른다. 떠나는 사람은 알지 모르는 것. 기다리는 것. 다시 돌아올 수 없다는 것을 알면서도 기다려야 하는 것. 그것이 이별일 지도 모른다. 생각보다, 잔인한 짓을 해버린 것일지도 모른다. 하지만 이제와서 돌릴 수는 없었기에, 그는 이미 지나가버린 것에 연연하지 않기로 했다. 물론 그의 결심만큼 머릿속의 생각들이 통제되지는 않았지만 말이다.

창밖으로 탁 트인 황야와, 그 황야 한 가운데에 서있는 거대한 우주선이 보였다. 이제 정말 모든 일이 이루어지는 것이다. 이제야 현실감각이 조금이나마 돌아온 기분이었다. 저곳이 내 안식처인가. 우주선 발사대 앞에 전 세계의 사람들이 몰려 있었다. 그들은 모두 카메라를 들이대고 있었다. B는 일부러 차를 발사대 뒤편으로 돌려 세웠다. 세상이 그의 죽음을 알아서는 안 되기 때문이었다. 다행히 어느 누구도, 뒤편으로 돌아 들어가는 차에 관심을 가지지 않았다. 사람들은 오로지, 인류의 새로운 도전을 상징하는 우주선에만 관심을 가지고 있었다.

B는 그에게 서류를 내밀었고, 그는 덤덤히 서명했다. 서명이 끝나자 B는 그를 우주선으로 안내했다. 그는 지팡이를 짚으며 B를 따라갔다.

"선생님은 우주선에 들어가시게 되면, 가장 높은 층의 가장 오른쪽에 있는 1번 냉동캡슐로 들어가셔야 합니다. 냉동캡슐은 아주 견고하게 만들어졌고, 어떤 변수에도 탁월하게 대응하도록 만들어졌습니다. 올라가시는 건 리프트를 타고 올라가시면 됩니다. 아 걸어 올라가셔도 되긴 하지만…예, 그렇게 하셔도 됩니다. 선생님이 캡슐에 들어가시면, 적당한 온도로 유지됩니다만, 우주선이 출발하는 순간부터는 냉동이 시작될 겁니다. 아, 아무리 캡슐이 견뎌낼 수 있게 설계되어 있다고 해도 선생님 연세에 급격한 변화, 속도를 견뎌내기엔 무리가 있을 거라고 생각되어서입니다. 예, 우주선이 일정한 상공에 이르게 되면 급속냉동이 시작될 것입니다. 그렇게 되면 선생님께서는…."

그는 B의 말을 멈추게 한 뒤 물었다.

"어차피 죽는 거라면 그 냉동이란 걸 우주에 나간 뒤에 해주면 안 되겠나? 우주선이 우주까지 나갈 때, 내 신체가 훼손되지는 않을 거 아닌가? 그 장치란 것이 성능이 무척 좋다니까."

"예, 선생님. 그러나 선생님의 심장이 견디지 못할 것이란 이야기입니다. 선생님이 원하신다면 그렇게 할 수 있습니다만…."

"그렇다면 그렇게 해주게. 냉동 되서 죽는 것보단 훨씬 자연스러운 방법 아닌가. 사실 모든 죽음이 자연스러운 것이겠지만."

"예, 선생님. 그럼 그렇게 준비하겠습니다. 이제 탑승하셔야 합니다."

그와 B는 우주선에 들어섰다. 우주선은 그의 생각보다도 더 컸다. B가 사진을 보여준 적은 있었지만 실제로 보니 정말 너무나도 컸다. B는 그를 부축해 리프트에 올라섰다. 리프트는 천천히 10층 위치에 도착했다. 이번에는 아래를 내려다보았다. 너무 높고 위태로워서, 그는 다리가 떨려왔다.

"이곳이, 선생님이 모셔질 곳입니다."

B가 말했다. 그의 눈에 100개의 캡슐이 들어왔다. 캡슐은 20개씩 5층으로 되어 있었다. 마치 벌집을 보는 기분이었다. 벌집 같기도 했고, 아파트 같기도 했다. 또한 납골당 같기도 했다. 항아리가 아니라 캡슐이라

는 차이가 있을 뿐. 물론 납골당과 달리, 이곳은 잠시 임시의 거처일 뿐이었다. 한줌의 재가 되어 작은 항아리에 들어가는 것이 아니라, 온전한 신체를 넣을 수 있는 포근한 캡슐에 들어가 100년의 여행을 떠나는 것이다. 그 누구도 떠나지 못한 A항성으로의 첫 항해를 말이다. 그리고 아늑하고 넓은 땅에 그의 캡슐이 묻히게 될 것이다.

캡슐을 하나, 하나 지나칠 때마다 만족스러운 마음이 들었다. 시체들이 정말 잘 보존되어 있었다. 방금 죽은 것처럼 혈색이 돌고 있는 듯이 보였다. 그는 2층에서 D를 만났다. 생명 유지 장치를 붙이고 있던 그 모습 그대로였다. 한 층, 한 층 걸어 올라가 그는 드디어 자신의 캡슐 앞에 서게 되었다. 1번 캡슐이라는 사실이 무척 마음에 들었다. 창이 바로 그의 앞에 나있다는 것이 마음에 들었다. 뷰가 좋군. 모든 걸 볼 수 있겠어. 그는 자신이 죽을 자리가 마음에 들었다. 생각보다 근사했다. 그 어떤 인류도 해보지 못한 죽음을 맛보는 것이다. 저 99명의 사람들과는 다른, 나만의 근사한 죽음. 그는 캡슐 밖에 서서 부드럽게 캡슐을 손으로 쓰다듬어 보았다. 만지면 만질수록, 만족스러웠다.

B는 그에게 고개를 숙이며 인사했다. 마지막 인사였다. 그는 자신의 지팡이를 B에게 건네고는 넥타이를 정리했다. 그리고 캡슐로 들어섰다. 캡슐은 기울어져 있었다. 그는 푹신한 매트에 몸을 뉘었다. 매트는 정확하고 편안하게 그를 품었다. 인공지능 시스템이 그에게 안전벨트를 매주었다.

"모든 것이 고맙소. 그리고 잘 지내기를 바라오. 결혼식에 못 가서 미안하구려."

"아닙니다. 이제 30분 뒤에 출발합니다, 선생님. 그러면 편안한 여행되시기를. 선생님이란 분을 알게 되어 영광이었습니다."

"나야 말로 영광이었소."

B가 캡슐의 문을 닫았다.

30분 동안 그는 많은 생각을 할 수 없었다. 무슨 생각을 해야 시간이 아깝지 않을까를 고민하느라 제대로 된 생각은 할 수가 없었기 때문이다. 시간은 느리지도 빠르지도 않게 흘러갔다. 그 시간 동안 그는 딸의 앞날에 대해서 생각했고, 손자의 인생에 대해서도 생각해보려했지만 집중할 수는 없었다. 그러다 갑자기 오줌이 마려워져서, 어떻게 해야 할 지를, 그냥 싸도 될까, 라고 생각하는 순간이었다. 우주선 안에 카운트다운이 시작되었다.

1분 뒤 출발합니다. 59, 58, 57, 56, 55, 54, 53, 52, 51, 50, 49, 48, 47, 46, 45, 44, 43, 42, 41, 40—그는 여기서 잠시 딸을—, 39, 38, 37, 36, 35—아내와 아들의 얼굴을—, 34, 33, 32, 31, 30, 29, 28, 27, 26—그의 지난 젊었던 나날을—, 25, 24, 23, 22, 21, 20, 19, 18—B를—, 17, 16, 15—그리고 CG-124를 떠올렸다—14, 13, 12, 11, 10, 9, 8, 7—그리고 자신이 심장마비로 죽을 것인지—, 6, 5—아니면 심장이 얼어붙어 생을 마감하게 될 것인지를—4, 3, 2—생각했다—1.

굉음과 함께 우주선이 요란하게 요동쳤다. 캡슐이 흔들렸지만, B의 말처럼 캡슐은 견고했다. 매트는 그를 확실하게 감싸고 있었다. 그는 편안함을 느꼈다.

우주선이 떠오르는 것이 느껴졌다. 그는 캡슐의 창, 그리고 그 너머에 있는 우주선의 창을 바라보았다. 발사대의 철근을 지나, 푸른색 하늘이 계속되었다. 우주선은 계속해서 하늘을 향해 솟아올랐다. 구름을 지났고, 오존층을 지나 성층권을 향해서, 그리고 그보다 더 높은 곳을 향해서 날아올랐다. 밝은 빛이 사라지고 밝은 어둠이 우주선을 감쌌다. 지구를 나온 것이다. 서서히 멀어져가며 창가엔 지구가 점점 작게 그려지고 있었다.

그가 언제 죽었는지는 알 수 없다. 우주선이 출발할 때였는지, 발사대를 지날 때였는지, 구름을 지날 때였는지, 오존층을 뚫고 나올 때였는지, 아니면 우주에 도달했을 때였는지, 아니면 심장이 얼어붙어 죽게 되었는지 아무도 알 수 없다. 그는 그저 죽었을 뿐이다. 그가 원하는 대로, 혹은 원하지 않았던 대로, 그는 죽음을 맞이했다.

그를 실은 우주선은 100년 4개월 23일 21시간 32분 뒤에 A항성에 도착할 것이다. 그리고 그는 A항성의 흙으로 덮여, A항성의 흙이 될 것이다. 그의 장례식은 100년 4개월 23일 21시간 32분 뒤에, 아무도 참석하지 않은 채로 행해질 것이다. (끝)

당선소감

박민혁 | 인하대 사학과 4학년

언제나 첫 문장이 가장 어려운 것 같습니다. 2015년, 장례라는 소재를 가지고 처음 소설을 쓰기 위해 워드 프로그램을 켜놓고 고민했던 기억이 납니다. 고민하던 끝에 완성했던 첫 문장은 이러했습니다.

'그는 예전에 죽었어야 할 사람이었다.'

이 첫 문장에서 시작했던 단편 소설은 4년이란 시간 동안 여러 에피소드들이 추가 되고, 삭제되는 과정을 거쳐 지금의 장례가 되었습니다. 그리고 앞으로도 더 나은 이야기로 만들기 위해서 계속해서 써나갈 것입니다.

〈장례〉를 되돌아보면서 동시에 글을 쓰고 있던 나는 그때로부터 지금까지, 얼마나 멀리 와있는지 되돌아보았습니다. 2015년의 나와 2019년의 나는 어디까지 와 있는 건지. 그리고 다시금 고개를 돌려 앞을 바라봅니다. 까마득하게 멀어 보이지만 그래도 꿋꿋이 걸어 나가야 할 길이 제 눈앞에 놓여 있습니다.

대학생으로 지낸 마지막 학기였습니다. 글을 쓰는 것이 나와 맞지 않는 길이 아닌가 하는 생각을 하고 있을 때 다시금 제게 용기를 주셔서 감사합니다. 부족한 글임에도 좋게 봐주신 심사위원 선생님들에게 감사드립니다. 항상 응원해주는 친구들에게도, 저를 믿고 지지해주는 부모님과 누나, 가족들에게 이번 기회를 통해 감사하다는 말을 전하고 싶습니다.

앞으로도 열심히 쓰겠습니다. 감사합니다.

심사평

신설된 장르문학 부문에는 총 11편의 응모작이 들어왔다. 많지 않은 편 수 속에 SF, 로맨스, 미스터리, 스릴러, 판타지 등이 고루 망라돼 있다는 점이 흥미로웠다. '장르문학'이라는 용어 사용에 대해서는 여전히 의견이 분분하지만 이렇게 소설의 다양성을 한눈에 보여준다는 측면에서 본 공모전이 더욱 활성화되었으면 하는 마음이다.

〈서울과 서울 사이〉는 일종의 포스트 아포칼립스 서사이다. 배경은 의문의 바이러스로 인해 봉쇄된 후 무법천지로 변한 서울. 기시감이 드는 설정이지만 우리에게 익숙한 공간을 폐허로 만들고 거기에 생존 개인방송이라는 동시대적 소재를 겹쳐놓으니 꽤 흥미진진한 판이 펼쳐진다. 하지만 정작 바이러스와 개인방송이 소설을 적극적으로 끌고 가는 동력이 아니다 보니 흥미로운 설정이 장르적 쾌감으로 연결되지 못해 아쉬웠다. 무엇보다 주요 인물인 자헌의 폭주는 감염으로도 생존 본능으로도 납득하기 어려웠다. 매력적인 무대를 꾸며놓은 만큼 회상과 독백 대신 현실에서 인물들을 더 촘촘히 엮었으면 어땠을까 싶다.

〈묵시〉는 산골 기숙학교를 배경으로 펼쳐지는 BL물이다. 때론 귀엽게 때론 시크하게 이어지는 두 소년의 밀당이 옆에서 지켜보는 것처럼 풋풋하게 다가온다. 다소 도식적이긴 하지만 '저 산 너머'로 표현되는 금기의 영역이 풍기는 미스터리하고 위태로운 분위기도 잘 녹아들었다. 다만 느슨하게 진행된 중반부에 비해 결말부는 너무 급박하고 모호하게 표현된 느낌이었다. 그러다 보니 지속적으로 뿌려놓은 뱀, 사이비, 소돔과 고모라, 욥 등의 '떡밥'이 제대로 회수되지 못하면서 소년들의 도피 행각 자체가 의문으로 남고 말았다.

인류 첫 우주 식민지 사업은 죽은 자들을 싣고 장지를 찾아가는, 지극히 아날로그적인 여행이라는 아이러니. 〈장례〉는 이렇게 SF를 표방하며 삶과 죽음, 디지털과 아날로그 사이를 묵직하게 파고든다. J 노인은 올 듯 올 듯 오지 않는 죽음 때문에 지구의 마지막 장지를 빼앗기고 우주 장례 프로젝트의 자리마저 위태로워진다. 작가는 노인의 딸, B 팀장, 한물간 인간형 로봇인 CG-124를 등장시키며 J 노인의 선택을 담담하게 따라간다. 100년 넘게 지고 온 삶의 무게와 요절한 아들을 화장할 때 들려온 비명은 매장에 대한 J 노인의 집착을 구세대의 아집으로만 볼 수 없게 만든다. 하긴 아늑한 땅으로 돌아가서 피로를 풀고 싶다는 건 생명체로서 품는 자연스러운 순환의 꿈이 아니겠나.

두 심사 위원이 〈장례〉를 당선작으로 결정하는 데에는 그리 많은 시간이 걸리지 않았다. 경장편 분량을 안정되게 끌고 가는 문장력과 구성력이 응모작들 중 가장 돋보였으며, 입체적인 인물들을 통해 다양한 시선을 확보하고 더 깊이 들여다보려는 노력에 신뢰가 갔다. 계명문학상 장르문학 부문의 첫걸음을 장식한 수상자에게 진심으로 축하를 전한다. 아울러 짧지 않은 소설을 완성하느라 밤을 지새웠을 응모자 모두에게 응원의 박수를 보내고 싶다.

심사위원

손정수

1998년 조선일보 신춘문예 평론부문에 당선됐다. 평론집으로 〈미와 이데올로기〉, 〈뒤돌아보지 않는 오르페우스〉, 〈비평, 혹은 소설적 증상에 대한 분석〉, 〈텍스트와 콘텍스트, 혹은 한국 소설의 현상과 맥락〉, 〈소설 속의 그와 소설 밖의 나〉 등이 있다. 현재 문학평론가이자 계명대학교 문예창작학과 교수로 재직 중이다.

최제훈

2007년 〈문학과 사회〉 신인 문학상을 수상하며 등단했으며, 2011년 한국일보문학상을 수상했다. 소설집 〈퀴르발 남작의 성〉, 장편소설 〈일곱 개의 고양이 눈〉, 〈나비잠〉, 〈천사의 사슬〉 등이 있다.

부록

역대 수상자 및 심사위원

제1회 계명문화상(1981)

【입상자】 시 – 당선: 변준석(영남대) 가작: 최병규(계명대)

단편소설 – 당선: 해당작 없음 가작: 이송은(계명대)

문점철(영남대)

문학평론 · 학술논문 – 당선: 해당작 없음

【본심 심사위원】 시 – 신동집 / 단편소설 – 민현기, 원명수

제2회 계명문화상(1982)

【입상자】 시 – 당선: 장봉환(경북대) 가작: 유영희(경북대)

단편소설 – 당선: 조현숙(효성여대) 가작: 임종영(영남대)

문학평론 – 당선: 이종건(계명대) 가작: 이영숙(계명대)

학술논문 – 당선: 황필홍(연세대) 가작: 고영간(경상대)

희곡 – 당선 : 해당작 없음 가작: 위기철(연세대)

【본심 심사위원】 시 – 황동규 / 단편소설 – 최인훈 / 문학평론 – 김용직 /

희곡 – 한상철

제3회 계명문화상(1983)

【입상자】 시 – 당선: 박상봉(계명대) 가작: 이진영(원광대)

단편소설 – 당선: 박경서(계명대) 가작: 곽덕준(계명대)

문학평론 – 당선: 홍흥구(계명대) 가작: 해당작 없음

학술논문 – 당선: 해당작 없음 가작: 이인철(경북대)

권미숙(동국대)

【본심 심사위원】 시 - 박재삼 / 단편소설 - 윤흥길 / 문학평론 - 김현 /
희곡 – 차범석

제4회 계명문화상(1984)

【입상자】 시 – 당선: 전연옥(서울예전) 가작: 정일근(경남대)
단편소설 – 당선: 임영모(경남대) 가작: 유진철(단국대)
문학평론 – 당선: 위기철(연세대) 가작: 채명식(동국대)
희곡 – 당선: 박현주(부산대) 가작: 김은숙(관동대)

【본심 심사위원】 시 - 신경림 / 단편소설 - 이호철 / 문학평론 - 김병익 /
희곡 - 오태석

제5회 계명문화상(1985)

【입상자】 시 – 당선: 진용선(인하대) 가작: 김혜원(계명대)
단편소설 – 당선: 주낙연(군산대) 가작: 경기명(충북대)
문학평론 – 당선: 배철호(단국대) 가작: 김정범(충북대)
희곡 – 당선: 해당작 없음 가작: 이수진(영남대)

【본심 심사위원】 시 - 김광규 / 단편소설 - 이문열 / 문학평론 - 송기숙 /
희곡 – 유민영

제6회 계명문화상(1986)

【입상자】 시 – 당선: 안치숙(충북대) 가작: 이미애(중앙대)
단편소설 – 당선: 송성익(영남대) 가작: 임성애(강릉대)

문학평론 – 당선: 류철균(서울대)　　　가작: 이미숙(경북대)
희곡 – 당선: 서동훈(영남대)
【본심 심사위원】 시 – 정현종 / 단편소설 – 이청준 / 문학평론 – 김병익 / 희곡 – 한상철

제7회 계명문화상(1987)

【입상자】 시 – 당선: 해당작 없음　　　가작: 이용진(강원대)
정현열(부산대)
단편소설 – 당선: 우병호(단국대)　　　가작: 김승구(연세대)
문학평론 – 당선: 정진명(충북대)　　　가작: 김성호(아주대)
희곡 – 당선: 해당작 없음　　　가작: 정영준(부산산업대)
【본심 심사위원】 시 – 이시영 / 단편소설 – 이문구 / 문학평론 – 최원식 / 희곡 – 이강백

제8회 계명문화상(1988)

【입상자】 시 – 당선: 최동섭(계명대)　　　가작: 해당작 없음
단편소설 – 당선: 송명호(서울대)　　　가작: 윤동수(중앙대)
문학평론 – 당선: 미상　　　가작: 노태맹(계명대)
희곡 – 당선: 해당작 없음　　　가작: 순재중(한국방송통신대)
【본심 심사위원】 시 – 이시영 / 단편소설 – 김수영 / 문학평론 – 구중서 / 희곡 – 오태석

제9회 계명문화상(1989)

【입상자】 시 – 당선: 백민철(중앙대) 가작: 김정주(경희대)
단편소설 – 당선: 백민철(중앙대) 가작: 이상문(동국대)
문학평론 – 당선: 김희석(영남대) 가작: 신기훈(경북대)
희곡 – 당선: 이종호(청주대) 가작: 해당작 없음

【본심 심사위원】 시 – 김정환 / 단편소설 – 이문열 / 문학평론 – 최원식 / 희곡 – 이강백

제10회 계명문화상(1990)

【입상자】 시 – 당선: 노태맹(영남대) 가작: 이홍섭(강릉대)
단편소설 – 당선: 해당작 없음
문학평론 – 당선: 해당작 없음 가작: 장성규(경북대)
희곡 – 당선: 해당작 없음

【본심 심사위원】 시 – 신경림 / 단편소설 – 김성동 / 문학평론 – 민현기 / 희곡 – 원명수

제11회 계명문화상(1991)

【입상자】 시 – 당선: 해당작 없음 가작: 박완호(경희대)
가작: 조재경(중앙대)
단편소설 – 당선: 김혜자(서울시립대) 가작: 해당작 없음
문학평론 – 당선: 해당작 없음 가작: 박기수(한양대)
희곡 – 당선: 해당작 없음

【본심 심사위원】 시 – 김남주 / 단편소설 – 윤정모 / 문학평론 – 민현기 / 희곡 – 원명수

제12회 계명문화상(1992)

【입상자】 시 – 당선: 이홍(단국대) 가작: 권진희(계명대)
단편소설 – 당선: 오재우(울산대)
문학평론 – 당선: 해당작 없음
희곡 – 당선: 해당작 없음

【본심 심사위원】 시 – 고은 / 단편소설 – 최일남 / 문학평론 – 민현기

제13회 계명문화상(1993)

【입상자】 시 – 당선: 조대호(원광대) 가작: 어성호(경북대)
단편소설 – 당선: 배한진(숭실대) 가작: 오완진(경희대)

【본심 심사위원】 시 – 김명수 / 단편소설 – 고원정

제14회 계명문화상(1994)

【입상자】 시–당선: 진쌍배(영남대) 가작: 해당작 없음
단편소설 – 당선: 해당작 없음 가작: 박연옥(경희대)
박신영(숙명여대)

【본심 심사위원】 시 – 황지우 / 단편소설 – 공지영

第15회 계명문화상(1995)

【입상자】 시 – 당선: 임정훈(원광대) 가작: 해당작 없음

단편소설 – 당선: 김재학(경북대) 가작: 이정학(원광대)

【본심 심사위원】 시 – 고형렬 / 단편소설 – 한승원

第16회 계명문화상(1996)

【입상자】 시 – 당선: 안주철(배재대) 가작: 고세규(서강대)

단편소설 – 당선: 박래성(전남대) 가작: 김중혁(계명대)

문학평론 – 당선: 해당작 없음

【본심 심사위원】 시 – 안도현 / 단편소설 – 최윤

第17회 계명문화상(1997)

【입상자】 시 – 당선: 조경희(광주대) 가작: 남경완(중앙대)

단편소설 – 당선: 김영우(경기대) 가작: 김보영(대구교육대)

【본심 심사위원】 시 – 이성복 / 단편소설 – 정찬

第18회 계명문화상(1998)

【입상자】 시 – 당선: 김장근(중앙대)

단편소설 – 당선: 김명호(원광대)

【본심 심사위원】 시 – 하종오 / 단편소설 – 민현기

제19회 계명문화상(1999)

【입상자】 시 – 당선: 최승철(원광대)
단편소설 – 당선: 이재웅(중앙대)
문학평론 – 당선: 최계호(경기대)

【본심 심사위원】 시 – 김용락 / 단편소설 – 공지영 / 문학평론 – 민현기

제20회 계명문화상(2000)

【입상자】 시 – 당선: 이성호(서울예술대)
단편소설 – 당선: 이규성(계명대)
문학평론 – 당선: 해당작 없음

【본심 심사위원】 시 – 이성복 / 단편소설 – 김원우 / 문학평론 – 민현기

제21회 계명문화상(2001)

【입상자】 시 – 당선: 황현진(계명대)
단편소설 – 당선: 김수진(숭의여대)

【본심 심사위원】 시 – 이성복 / 단편소설 – 김원우

제22회 계명문화상(2002)

【입상자】 시 – 당선: 신희진(연세대)
단편소설 – 당선: 이현(서울시립대)

【본심 심사위원】 시 – 이성복 / 단편소설 – 김원우

제23회 계명문화상(2003)

【입상자】 시 – 당선: 문성록(계명대)

단편소설 – 당선: 제갈순복(한국통신대)

【본심 심사위원】 시 – 이성복 / 단편소설 – 김원우

제24회 계명문화상(2004)

【입상자】 시 – 당선: 해당작 없음 가작: 박소란(동국대)

민구(명지대)

단편소설 – 당선: 이혜정(계명대)

【본심 심사위원】 시 – 이성복 / 단편소설 – 김원우

제25회 계명문화상(2005)

【입상자】 시 – 당선: 한인숙(제주대)

단편소설 – 당선: 정한아(건국대)

【본심 심사위원】 시 – 장옥관 / 단편소설 – 민현기

제26회 계명문화상(2006)

【입상자】 시 – 당선: 김윤희(서울예술대)

단편소설 – 당선: 전아리(연세대)

【본심 심사위원】 시 – 안도현 / 단편소설 – 성석제

제27회 계명문화상(2007)

【입상자】 시 – 당선: 김재현(경희대)

단편소설 – 당선: 이대로(중앙대)

【본심 심사위원】 시 – 고은 / 단편소설 – 은희경

제28회 계명문화상(2008)

【입상자】 시 – 당선: 조윤희(우석대)

단편소설 – 당선: 박서련(건국대)

【본심 심사위원】 시 – 안도현 / 단편소설 – 성석제

제29회 계명문화상(2009)

【입상자】 시 – 당선: 전인배(대구가톨릭대)

단편소설 – 당선: 김수진(경희대)

【본심 심사위원】 시 – 안도현 / 단편소설 – 성석제

제30회 계명문화상(2010)

【입상자】 시 – 당선: 박혜란(경희대)

단편소설 – 당선:최종혁(연세대)

【본심 심사위원】 시 – 안도현 / 단편소설 – 박완서

제31회 계명문화상(2011)

【입상자】 시 – 당선: 이서령(서울예술대)

단편소설 – 당선: 이갑수(동국대)

【본심 심사위원】 시 – 안도현 / 단편소설 – 성석제

제32회 계명문화상(2012)

【입상자】 시 – 당선: 서귀옥(우석대)

단편소설 – 당선: 김세정(조선대)

【본심 심사위원】 시 – 장옥관 / 단편소설 – 김영찬

제33회 계명문화상(2013)

【입상자】 시 – 당선: 고은별(서울과학기술대) 가작: 김금아(계명대)

김본부(한신대)

단편소설 – 당선: 김홍진(서울시립대) 가작: 김이현(서울예술대)

배상현(계명대)

【본심 심사위원】 시 – 장옥관 / 단편소설 – 김영찬

제34회 계명문화상(2014)

【입상자】 시 – 당선: 박세희(서울여자대) 가작: 유현성(건국대)

김선욱(고려대)

단편소설 – 당선: 박찬훈(명지대) 가작: 김도우(계명대)

신성(동국대)

【본심 심사위원】 시 – 이성복 / 단편소설 – 박성원

제35회 계명문화상(2015)

【입상자】 시 – 당선: 황익순(명지대) 가작: 전영아(한국방송통신대)
박소정(서울과학기술대)
단편소설 – 당선: 조길란(명지대) 가작: 윤이삭(동아대)
임영성(계명대)

【본심 심사위원】 시 – 이성복 / 단편소설 – 김영찬

제36회 계명문화상(2016)

【입상자】 시 – 당선: 전명환(중앙대학교) 가작: 유다인(서울과학기술대)
이태희(명지대)
단편소설 – 당선: 이정연(동국대) 가작: 윤화룡(명지대)
김소린(명지대)

【본심 심사위원】 시 – 송재학 / 단편소설 – 김영찬

제37회 계명문화상(2017)

【입상자】 시 – 당선: 강응민(경희대) 가작: 강요한(성공회대)
이예진(명지대)
단편소설 – 당선: 성해나(서울예술대) 가작: 송우언(한양대)
임선우(동국대)

【본심 심사위원】 시 – 김민정 / 단편소설 – 김영찬

제38회 계명문화상(2018)

【입상자】 시 – 당선: 이은지(한국전통문화대) 가작: 조지원(계명대)

박상원(우석대)

단편소설 – 당선: 이주현(동국대)　　가작: 성유경(서울예술대)

정지혜(홍익대)

【본심 심사위원】 시 – 장옥관 / 단편소설 – 손정수

제39회 계명문학상(2019)

【입상자】 시 – 당선: 김지현(단국대)

단편소설 – 당선: 양아현(명지대)

극문학 – 당선: 해당작 없음

장르문학 – 당선: 박민혁(인하대)

【본심 심사위원】 시 – 김민정, 나희덕, 박준 / 단편소설 – 김영찬, 은희경, 전성태 / 극문학 – 김중효, 고연옥, 김은성 / 장르문학 – 손정수, 최제훈

계명문학상 연혁

1967. 5.	문예현상모집
1969. 3.	'계대학보 문화상' 제정
1970. 5.	새봄맞이 문예현상모집
1977. 4.	제1회 '계명대학보 희곡상' 현상모집
1980. 5.	제1회 '계명문화상' 지정
	– 응모부문 : 시 부문, 단편소설 부문, 문화평론 · 학술논문 부문
1990. 5.	제10회 계명문화상 개최
1997. 5.	계명문화상 당선작 모음집(1회–16회) 발행
2001.10.	계명문화상 부문별 시상금 인상
	– 시 부문 1백만 원, 소설 부문 1백50만 원
2006.10.	계명문화상 부문별 시상금 인상
	– 시 부문 1백50만 원, 소설 부문 2백만 원
2019. 2.	제39회부터 기존 '계명문화상'에서 **'계명문학상'**으로 명칭 변경
	극문학 부문, 장르문학 부문 신설
	계명대학교 창립 120주년 기념하여 제39회 계명문학상은 전국 대학 최고 규모로 시상
	– 시 부문 당선 5백만 원, 단편소설 부문 당선 1천만 원, 극문학 부문 당선 5백만 원, 장르문학 부문 당선 5백만 원
9.	제39회 계명문학상 시상식 및 세미나 개최